따봉, 프란치스코!

교황의 10가지

Nihil Obstat:
Rev. Thomas Kim
Censor Librorum
Imprimatur:
Most Rev. Boniface CHOI Ki-San, D.D.
Episc. Incheon
2014. 5. 23.

표지 이미지 : L'Osservatore Romano

따봉, 프란치스코!
교황의 10가지

초판 1쇄 발행 2014년 6월 20일
초판 8쇄 발행 2014년 8월 14일

글 차동엽

펴낸이 백인순
펴낸곳 위즈앤비즈
주소 서울특별시 마포구 토정로 21
전화 02-324-5677 **팩스** 02-334-5611
출판등록 2005년 4월 12일 제313-2010-171호

ISBN 978-89-92825-80-1 03230

따봉, 프란치스코!
교황의 10가지

차동엽 신부 글
교황청립 라테란대학교 기획자문

 위즈앤비즈
Wisdom & Vision

차례

가톨릭 역사상 남미에서 교황이 선출된 것은 초유의 일이다.

추기경 베르골료로 있을 때까지 거의 알려지지 않은 인물이었기에, 그의 선출은 아르헨티나 교회를 위시하여 세계를 깜짝 놀라게 했던 것이 사실이다.

그로부터 1년여가 지났지만 그는 여전히 경이로움이다. 이는 무명의 인물이 하루아침에 교회를 대표하게 되었다는 사실 때문만이 아니라, 그가 지난날 묻혀 있었던 교회의 보물, 즉 예수님 강생신비의 영성을 말 그대로 경이롭게 구현하는 교회상, 달리 말하여 인류와 가까이하는 교회상을 보여주고 있기 때문이기도 하다.

이는 어떤 면에서 남미 교회가 프란치스코 교황을 통해 전 세계 교회와 인류에 공헌하는 점이라 할 수 있겠다.

가톨릭교회는 성 요한 23세 교황으로 시작한 제2차 바티칸 공의회 이후, 바오로 6세 교황, 성 요한 바오로 2세 교황, 베네딕토 16세 교황, 그리고 프란치스코 교황을 통해 예수님께서 세우신 교회 본모습을 되찾아 재현하여, 인류와 긴밀히 동행하며 생명과 기쁨을 안겨주는 사명을 실현하려 노력해 왔다.

차동엽 신부가 쓴 이 책 『교황의 10가지』는 이러한 프란치스코 교황의 핵심 사상과 영성을 콕콕 집어내어, 가톨릭교회가 인류에 공헌할 수 있는 가능성과 사명을 뚜렷이 이해하도록 길잡이가 되어준다.

이 글이 나오도록 수고한 저자와 그 연구진에게 감사드린다. 그리고 이를 통해 남미 교회뿐만이 아니라, 계속 성장을 추진하는 한국 교회를 통해 동양 교회가 인류에게 공헌할 수 있는 적극적인 계기가 되기를 하느님께 기도드린다.

아르헨티나 산마르틴 교구 문한림 보좌주교*

---

*문한림 주교는 아르헨티나 이민 1.5세대로서, 1984년 부에노스아이레스 대교구 소속으로 사제품을 받았다. 현 교황인 호르헤 마리오 베르골료(Jorge Mario Bergoglio) 신부가 부에노스아이레스 대교구 보좌주교로 임명되어, 1994년 당시 문 신부가 있던 교구 내 4개 지역 중 가장 가난한 플로레스의 주교로 부임하면서, 두 사람의 끈끈한 인연이 시작되었다. 2014년 2월 6일 프란치스코 교황으로부터 산마르틴 교구 보좌주교와 수투누르카 명의주교로 임명되었다.

서(序)

프란치스코 교황의 재위 1년여! 바야흐로 그의 일거수일투족이 글로벌 뉴스거리다. 세계인이 그의 거침없는 인간미에 푹 매료되어 있다. 오죽하면 '프란치스코 효과', '교황 따라하기', '새로운 핀업(벽에 핀으로 사진을 꽂아둘 만한 롤모델)의 등장' 등과 같은 유행어가 따라붙고 있을까.

이런 특이현상에 뜬금없는 우문 하나가 던져진다.
"도대체 교황의 생각과 흉금은 무엇인가?"
이미 알려진 바는 많다. 그게 문제다. 너무 많은 정보와 반응과 찬사 앞에서 우리는 오히려 오리무중에 빠진다. 양에 치이는 것이다.

그래서 이 책에서는 10가지(키워드)로 추려『교황의 10가지』라 이름 붙여 봤다.
사실 이것도 많다. 이 중 단 하나가 읽는 이의 가슴에 와 닿아도 그만큼 울림일 것이며, 두셋만 공감되어도 그 분량의 격려가 될 것이다. 이에 더하여 위로와 모방욕구까지 수반된다면, 글쓴이에게 더없는 보람이겠다.

그 역시 교황에게 매료된 한 팬으로서, 관련서적들을 교구 사제들에게 즐거이 선물하신 최기산 보니파시오 인천교구장의 자애가 집필에 자극이 되었음을 밝히며, 감사드린다. 신간이 나올 때마다 늘 가장 발빠른 독자가 되어 축하해 주시는 정신철 요한 세례자 보좌주교께도 감사드린다.

프란치스코 교황의 추기경 시절 교구 사목의 밀착 동반을 토대로 제3의 각도에서 추천의 글을 써주신 문한림 보좌주교께도 감사의 마음을 표한다.

자문과 감수 역을 기꺼이 맡아주신 교황청립 라테란대학교 패트릭 발드리니(Patrick Valdrini, 부총장), 루보미르 작(Lubomir Žak, 부학장), 리카르도 페리(Riccardo Ferri, 교수)께도 큰 감사를 드린다. 그 가교 역할과 번역에 수고를 아끼지 않은 김상인 신부에게도 고맙다.

이 책을 읽는 이 모두가 프란치스코 교황이 초대하듯 "빛을 비추고, 복을 빌어주고, 활기를 불어넣고, 일으켜 세우고, 치유하고, 해방시키는"(『복음의 기쁨』 273항) 사명으로 날인되기를 기대하며.

차동엽 신부

[1]

이 사람들이
보물입니다

본조르노

지난 3월 하순, 나는 프란치스코 교황이 부에노스아이레스 대교구 보좌주교직을 수행하던 시절 각별한 애정을 쏟았다던 빈민촌을 방문했다. 남미 순회 강의의 일환으로 아르헨티나를 들른 김에 얻은 절호의 기회였다. 그곳은 일반인들에겐 접근이 허락되지 않은 우범지역이기에 현지 본당 보좌신부를 보디가드로 앞세워야 했다.

도로를 따라 야트막한 지붕의 집들이 얼기설키 늘어져 있고, 20m쯤마다 사람 하나 다닐 만한 골목길이 안쪽으로 미로처럼 뻗어 있었다. 안내를 맡은 보좌신부의 설명에 따르면 그곳 주민들은 대부분 콜롬비아 및 볼리비아 등 인근 국가에서 국경을 넘어 들어온 이주민이다. 막노동과 밀수, 마약밀매 등으로 생계를 유지해야 하는 그들의 하루하루는 단절의 기약이 없는 악순환의 궤적일 뿐이다.

교황의
10가지

동네 어귀에 양철지붕의 허름한 성당이 떡하니 서 있었다. 들어가 보니 60평 남짓한 공간에 성스런 제단이 환하게 꾸며져 있었다. 나름 공들여 만들어진 스테인드글라스를 통해 오색 빛이 밝고 현란하게 드리워진 가운데, 본당 신부는 큼지막한 유리병 한가득 성수를 담아 들고 다니며 신자 가족들에게 인심 좋게 은총을 부어주고 있었다.

"아, 여기구나! 이곳이 프란치스코 교황이 주교 시절 하루가 멀다 하고 찾아와 당신의 양 떼들을 돌보았다던 바로 그곳이로구나."

그랬다. 그곳은 지난 반세기 아르헨티나가 세계 경제 5위권 강국에서 고질적 채무국으로 급전직하 추락해 온 과정이 낳은 어둠의 지대, 그러기에 0순위로 목자가 필요했던 후미진 '목장'이었다.

평균 하루에 1건 이상 강도 및 살인 사건이 발생한다는 그곳에서 그는 신변의 위험을 무릅쓰고 외국인 노동자들을 돌보았다. 노상에서 그들과 어울려 마테차를 즐기는가 하면, 함께 사진도 찍고 고민상담도 해준 덕에, 주민들은 경계의 빗장을 풀고 그를 '친구'로 맞아들였단다.

"그때, 우리 아버지가 베르골료 주교님(현 프란치스코 교황)의 용기 있는 사랑에 반해, 지금 이 성당을 지어 바쳤던 거죠!"

마침 운 좋게 만난 40대 중후반의 남성 신자는 으쓱해 하며 옛 시절을 회상했다.

그 시절로부터 몇 년이나 흘렀을까. 부에노스아이레스 체류 중 내가 귀동냥한 바에 따르면, 프란치스코 교황의 라이프스타일은 그때나 지금이나 별반 바뀐 게 없다.

주교와 추기경 시절 손수 요리를 즐겼고, 버스와 전철을 애용하면서 대중들에게 다가갔으며, 이따금 몰래 밤거리로 나가 노숙자들에게 빵을 나눠주고 그들과 거리에 앉아 함께 음식을 즐겼다는 그.

그 마음, 신분이 달라졌다 하여 변하였으랴. 교황이 된 이후에도 전용 리무진 대신 다른 추기경들과 함께 버스를 타고, 자신의 가방을 스스로 챙기고, 호텔 숙박료를 직접 지불하고, 교황청에서도 유별나다 싶을 만큼 검약을 실행하는 등 비상한 솔선에 골몰한 교황!

지난해 말(2013년 12월 4일자), 미국 「허핑턴포스트」는 프란치스코 교황이 밤에 교황청을 빠져나가 노숙자들을 돌본다는 소문을 보도했다. 저녁이 훨씬 지난 시간의 일이니 카메라진에 들킬세라 '길 위의 사람들'을 향한 교황의 인사말은 더욱 조심스러웠을 것이다.

"보나세라! 식사했나요?"

보나세라! "굿나잇"쯤 되는 이탈리아어 저녁 인사말이다. 이와 같은 의미로 사용되는 아침 인사말은 '본조르노'다.

"본조르노!"

교황이 어디서건 오고가는 사람들과 이 인사말을 주고받는 모습이 지난날에는 진풍경이었을지 몰라도, 이제 흔한 일이다. 더구나 저잣거리에서 '길 위의 사람들'과 격의 없이 말을 섞는 장면을 보는 일도 시나브로 더 이상 놀랍지 않은 정경이다.

우리가 결코 간과할 수 없는 것은 이 범상치 않은 행보에 프란치스코 교황의 '모든 것'이 녹아 있다는 사실이다.

"교회 울타리 안에 매몰된 편협한 거룩함보다 사랑이 우선이다. 사랑의 명령 앞에는 어떤 핑계도 무색하고, 어떤 장애도 무력하고, 어떤 차별도 무의미하다!"

이 점에 있어서 프란치스코 교황의 지향은 단호하다. 때로는 의중을 확실하게 전달하기 위하여 과격한 표현도 불사한다.

> "자기 안위만을 추구하고 폐쇄적이며 병든 교회보다는 거리로 나가 다치고 상처받고 더럽혀진 교회를 나는 더 좋아합니다. 나는 중심이 되려고 노심초사하다가 집착과 절차의 거미줄에 옥죄이고 마는 교회를 원하지 않습니다."[1]

언론에서 많이 인용되는 말이다. 특히 기자들이 퍽 좋아한다. "거리의 상처받은 이들을 치유해 주는 것이 먼저다. 가난하고 소외된 이들을 돌보는 섬김이 먼저다. 이를 위해서라면 스스로 상처받고 더럽혀지는 것쯤은 감수해야 한다! 기꺼이!" 이 얼마나 결연한 고백인가.

이 말이 더욱 매력 있게 들리는 것은 프란치스코 교황 자신이 저 말 그대로 살고 있기 때문이다.

그런데, 아무리 뜻이 좋아도 가톨릭교회에서 일단 고위 성직자가 되고 나면, 서민에게 가까이 다가가기란 그리 녹록지 않다. 하지만 프란치스코 교황은 겹겹의 관행을 무릅쓰고서 그 거룩한 일탈을 감행하고 있다. 고맙게도 그에게는 롤모델이 있었다. 바로 교황 요한 23세! 그의 아름다운 모범을 교황은 선명하게 회상한다.

"요한 23세 교황님 역시 직접 밖으로 나가는 목자였습니다. 베네치아 총대주교님이었음에도 불구하고 종종 오전 11시가 되면 산마르코 광장으로 내려가 '응달 아래의 의식'이라고 불리는 의식을 거행했습니다.
응달 아래의 의식이란 나무 그늘 또는 식당 처마 아래 서서 백포도주 한 잔을 마시면서 교구 신자들과 대화를 나누는 것을 의미합니다. 그분은 다른 베네치아 시민들과 같이 행동하고 그 후에는 다시 본연의 업무로 복귀하곤 하였습

니다. 내가 생각하기에 사람들과 만나기 위해 길거리로 나
서는 바로 이런 사람이 진정한 목자입니다."[2]

우리 식으로 얘기하면, 사람들과 어울리기 위해 포장마차에도
좀 가라는 것이다. 또 마을 정자에서 막걸리 한 잔 나누면서 함께
동고동락하라는 얘기다. 사는 이야기도 듣고 하소연이나 애환에
도 귀 기울이고 하면서… 이는 비단 목자들만을 위한 당부가 아
니다. 우리 모두를 향한 수신호다.

그런데, 여기서도 유혹이 있다. 바로 측근, 끼리끼리, 기득권층
과만 함께 하려는 유혹이다. 이와 관련하여 교황은 예수님의 권고
를 상기시켜 준다.

"친구와 부유한 이웃이 아니라, 그 누구보다도 가난한 이
들과 병든 이들, 자주 멸시당하고 무시당하는 이들, 우리
에게 "보답할 수 없는 이들"(루카 14,14)에게 다가가야 합니
다."[3]

돌려받을 수 있는 베풂, 대가가 보장된 선행, 가는 게 있으면 오
는 게 있어야만 하는 관계… 언제부턴가 우리들이 만들어 놓은
이 불온한 거래, 구멍 난 미덕에 경고등을 치켜든 교황. 왠지 그의
편달이 따뜻하게 우리 가슴을 저민다.

당신, 따봉!

　누구든지 프란치스코 교황을 만나면 기분이 좋아진다. 바로 자신을 소중히 바라봐주는 그의 시선과 마주했기 때문이다. 실제로 교황은 상대방의 기를 살려주는 제스처를 즐겨 사용한다. 한 손으로, 신나면 양손으로 엄지를 곧추세우고 방긋 웃어주는 제스처! 거기에는 몇 년 전 우리나라에서도 크게 유행했던 단어, 바로 그 포르투갈어 추임새가 제격이다.

"따봉!"

이로써 그는 힘주어 말하는 셈이다.

"당신 최고!"

"멋져!"

수신인은 우리 모두다. 바로 나, 당신이다.

프란치스코 교황이 우리를 사로잡은 비결이 바로 여기에 있다.

한 사람 한 사람을 소중히 대하는 교황의 시선과 마음가짐. 이는 대중 앞에서도 변함이 없다. 그는 2013년 브라질 세계청년대회를 다녀온 직후, 한 신부와의 인터뷰 중에 이런 말을 했다.

> "나는 한 사람 한 사람씩 둘러보고, 내 앞에 있는 그들이 누구인지를 파악한 다음에, 일대일 관계로 들어갑니다. 나는 대중 앞에 서는 것이 익숙하지 않습니다."[4]

보통 카리스마가 아니다. 교황은 대중 가운데 있어도 눈은 언제나 개인에게 머문다고 고백한다. 대중 전체에 사로잡히면 개인을 놓친다. 하지만 개인을 골고루 응시하면 결국 대중도 아우르는 셈이 된다.

이것이 바로 하느님의 눈이다. 아무나 가질 수 없는 이 기적의 시선! 이와 관련하여 나는 대중 앞에 서는 자리에서 이런 말로 시작하는 때가 많았다.

"여기 오늘 1,000명이 넘는 분들이 왔군요. 저는 이 자리에서 여러분들을 한꺼번에 볼 수밖에 없습니다. 그런데 저와 함께 이 자리에 계신 주님께서는 '한' 사람밖에 모르는 분이십니다. '여기 베드로 왔구나, 마리아 왔구나, 데레사는 가게도 접고 왔구나. …' 이처럼 우리 주님께서 한 사람 한 사람을 알고 계시고 초대하셨기 때문에 각자에게 필요한 말씀을 주실 겁니다."

이런 하느님의 눈으로 불쑥 다가와서는 예기치 못한 말로 놀라게 하는 교황. 그 주인공이 나라면 어떤 기분이 들까. 베르골료 추기경이 교황에 선출된 2013년 3월 13일 저녁, 바로 그런 깜짝 이벤트가 있었다. 로마의 예수회 본부 전화 교환원은 갑작스레 걸려 온 전화에 혼이 다 빠졌다.

"나 교황인데요, 총장 신부 있나요?"

당황해 하는 교환원에게 교황이 다시 말했다.

"농담 아니구요, 나 교황 프란치스코입니다. 누구신가요?"

"……."

수화기를 건네받은 총장 신부도 놀라기는 마찬가지. 칭호가 제멋대로였다.

"교황님", "성하", 그리고 "몬시뇰".

돌연 당황을 유발하는 평소 교황의 소탈 소통법을 드러내주는 일화다. 그는 이처럼 일대일 대화, 면전 담소를 즐긴다. 교황이 즐겨 사용하는 언어는 여느 교황들의 그것과는 사뭇 다르다. 격조 있는 말투를 피하고 지극히 평범한 일상어를 사용한다. 예를 들면, "굿모닝!", "식사했나요?", "맛있는 점심 드세요!", "내 말이 좀 길었죠?"라는 식의.

이에 대하여 방금 언급된 예수회 총장 아돌포 니콜라스 신부는 교황의 언어가 '가난함의 언어', '연민의 언어'였다고 회상하며 이렇게 토를 단다.

"바로 이것이 우리가 배워야 할 그 무엇입니다. 이 언어를 통해서 우리는 무엇인가를 바꿀 수 있고, 무엇인가에 맞추어 갈 수 있습니다."[5]

이렇듯이 프란치스코 교황이 구사하는 언어와 소통법에는 특별한 그 무엇이 녹아 있다. 상대 중심의 배려심이랄까, 눈높이 사랑이랄까, 강생의 자기비허랄까.

어떤 경우든, 프란치스코 교황에게 중요한 것은 '한 사람'이다. 이런 일도 있었다. 2014년 1월 8일 전용차를 타고 성 베드로 광장을 가로지르며 일반 알현에 참석한 구름 군중과 인사 나누던 교황은 인파 속에서 자신이 교구장 시절 알고 지내던 파브리안 바에즈 신부를 발견했다. 교황은 차를 잠시 멈추게 한 다음 얼른 그를 차에 태웠다. 뜻밖의 멋진 경험을 하게 된 바에즈 신부는 다음 날 한 인터뷰에서 기쁨을 감추지 못하며 이렇게 말했다 전해진다.

"교황님께서 '와서 타라'고 외치던 그 말이 나에게만 하는 말이 아니라 전 세계 사제와 신자를 초대하는 말로 느껴졌습니다."[6]

횡재한 것은 저 신부만이 아니다. 교황으로부터 자신의 다리 깁스에 기습 사인을 받은 휠체어 탄 소년, 장난기어린 모자 프러포즈를 받은 소녀, 양팔에 번쩍 들려 볼키스를 받은 아기 등등. 하나

같이 교황의 깜짝 구애를 받은 장본인들이다. 그 유쾌한 놀람은 이제 시작일 뿐이다. 우리 모두가 행운의 주인공이다.

　이렇듯 돌발 언동으로 연일 사람들의 시선을 끌고 있는 교황. 그는 행동주의자가 아니다. 그는 영성가다. 그의 모든 말과 행동에는 반드시 깊은 기도에서 깨달아진 지혜가 배어 있다. 어느 인터뷰에서 교황은 자신의 거동에 삼투되어 있는 가치지향의 단초를 이렇게 드러냈다.

> "로마의 박해 기간 중에, 황제는 로렌스 부제에게 가톨릭교회의 보물을 넘기라고 명령했습니다. 지정된 날에 로렌스는 가난한 사람들 무리를 데리고 황제에게 나아가 이렇게 말했습니다.
> **"바로 이 사람들이 교회의 보물입니다."**
> 이것이 우리가 보전해야 할 패러다임입니다."[7]

　"바로 이 사람들이 교회의 보물입니다."
　이로써 이 말은 그대로 프란치스코 교황의 선언이 되었다. 이 이야기에서 '가난한 사람들'은 상징이다. 세상의 관점에서 업신여김당하는 모든 이들을 일컫는 메타포다. 여기에 역설적인 진실이 담겨 있다. '가난한 사람들'이 보물이라는 이 주장은 결국 누구나 그가 '사람'인 한에서 어떤 차별도 없이 소중하다는 사실을 강조한다. 교황의 저 말은 결국 생명의 존엄에 대한 웅변이라 해도 무방할 것이다.

"무릇 사람의 생명에는 보물스런 존귀함과 아름다움이 깃들어 있다!"

하지만 어떤 보물도 그것을 알아봐주지 않으면 소용이 없다. 그러기에 우리에게는 보물을 '보는 눈' 곧 심미안이 열려야 한다. 바로 이것이 진짜 우리에게 필요한 안목이다. 이에 대해 프란치스코 교황은 자신의 경험에 비추어 친절하게 도움말을 준다.

> "아름다움은 안에 있는 그것과 밖에 있는 그것으로 구분됩니다. 일반적인 아름다움은 겉으로 드러난 것을 보고 판단하지요. 하지만 아름다움은 보잘것없고 아주 작은 것에도 숨어 있으며, 감춰진 내면의 아름다움이 더욱 감동적으로 다가올 때가 곧잘 있습니다."[8]

이런 심미안으로 타인을 바라볼 때, 오늘날 우리 사회가 효율성과 미의 잣대로 매긴 서열에서 등외로 밀린 사람들이 오히려 '참 소중한 당신'이 된다. 그러기에 그의 약자 사랑은 결코 동정의 그것이 아니다.

누가 울었나?

  지상에 존재하는 인간 생명체라면 단 한 사람도 예외 없이 모두가 불가침의 존엄을 지닌 소중한 존재들이다. 허나 뒤집힐 수 없는 이 진실이 종종 왜곡되고 있는 것이 오늘의 비극이다. 이에 대한 프란치스코 교황의 비판은 가히 예언자적 권위를 발한다.

> "우리는 특히 위기, 오늘날의 위기를 성찰할 필요가 있습니다. 하지만 우리 주의합시다! 위기라는 게 단지 경제적인 것만을 의미하지 않습니다. 또 그저 문화적인 것만을 가리키지 않습니다.
> 오늘날의 이 위기는 사람의 위기입니다. '사람의 위기'! 세상의 위기에 결국 지쳐 나자빠지는 것은 바로 '사람'인 것입니다."[9]

교황의 말을 풀어 이해하면 이렇다.

"요즘 뉴스를 보면 자꾸 '경제의 위기'라고 외치는데 그걸 부인할 수는 없다. 하지만 더 큰 위기는 '인간의 위기'다. 곧 사람이 자꾸 인간대접을 못 받고 처참하게 비인간화되는 것, 이것보다 더 큰 위기는 없다."

그럼에도 오늘 우리 사회는 이런 위기를 감지하기는커녕, 무관심과 무반응의 타성에 젖어 있다. 이에 대해 교황은 안타까움을 토로한다.

> "오늘 우리는 누군가와 함께 고통을 나누며 눈물 흘리는 울음의 경험을 상실한 공동체입니다. 무관심의 세계화가 우리들에게서 우는 능력을 앗아버리고 말았습니다."

지난 2013년 7월 8일 교황이 사도좌 착좌 이후 가장 먼저 찾았던 외부 순방지 람페두사 섬에서 행한 미사 강론의 메시지다. 큰 울림을 주었던 그 강론의 알맹이를 마저 들어보자.

> "아담아, 너 어디 있느냐?"
> "너의 형제는 어디 있느냐?"
> 이 두 질문은 하느님께서 인류역사의 첫머리에 배치하신

것입니다. 더불어 우리 시대의 모든 인류와 우리들에게도 여전히 유효한 질문입니다.

하지만 나는 여기에 세 번째 질문을 더하고 싶습니다.

"우리 중에 누가 이런 이유로 울었는가? 이 같은 행위에 대해 울었는가?"라고 말입니다.

누가 이 형제자매들의 죽음에 대해 울었습니까?

누가 이 배 위에 있던 사람들을 위해 울었습니까?

아기를 데려오려는 젊은 엄마를 위해…

가족을 부양하기 위해 무언가를 찾아 헤매는 가장을 위해…

누가 울었습니까?!"

이 강론을 마감하면서 교황은 오늘 우리들의 무관심과 타성에 대해 주님의 용서를 구하는 기도를 바쳤다.

차제에 잠깐 눈물의 은총에 대하여 폭넓게 생각해 보자.

울 수 있다는 것은 은총이다.

만일 우리가 남을 위해 울 수 있다면, 그것은 우리가 아직 서로 사랑을 할 수 있다는 반증이 된다.

만일 우리가 자신을 위해 울 수 있다면, 그것은 우리가 하느님의 축복을 받고 있다는 징표다.

간혹 신자들 가운데 이렇게 물어오는 이들이 있다.

"왜 저는 성당에만 들어가면 눈물이 나죠? 주체할 수 없어요."

그러면 돌아가는 내 답은 한결같다.

"축하합니다. 큰 은총 받으셨네요. 눈물은 은총의 빗물입니다!"

이에 대해 프란치스코 교황은 좀 더 자상하게 번득이는 눈물 사색을 나눈다.

> "운다는 것은 모든 것의 열매입니다. '선함'과 '우리의 죄들' 그리고 '은총'과 '순수한 기쁨'의 열매 말입니다. 〔…〕
> 운다는 것, 눈물은 우리들로 하여금 예수님을 보는 눈을 열어줍니다. 그리하여 "나는 주님을 뵈었습니다"라고 말할 수 있도록 은총을 줍니다."[10]

이야기가 무척 은혜롭지만, 우리들의 주제에서 조금 곁으로 흘렀다. 본래의 초점은 '눈물의 연대'다.

프란치스코 교황은 사람의 생명이 위기에 처한 곳이면 어디건 달려가 함께 울어줄 마음이 굴뚝같다. 어느 지역에서든, 참상의 현장, 가장 낮은 곳을 찾는 일은 그에게 미룰 수 없는 우선순위였다. 2013년 7월 브라질 세계청년대회에 참석한 계제에도, 그는 리우데자네이루의 최대 빈민가 바르지냐를 찾아 가난한 이들에게 희망을 전하며 격려했다. **"절망과 좌절에 굴복하지 말라."**

극빈자들이 모여 사는 그곳은 마약과 폭력이 일상화된 지역으로 브라질 전역에 산재한 빈민가들을 대표한다. 교황은 그곳에서 쓰러질 듯한 건물들 사이에 위치한 작은 성당을 찾아가 기도를 바치며 눈물을 흘렸다.[11]

교황은 2013년 10월 초 람페두사 섬에서 벌어진 아프리카 난민 익사 현장에도 가장 먼저 달려갔다. 바티칸으로 돌아와서는 구출된 생존난민 159명 전원에게 휴대전화와 전화카드를 함께 보내주었다. 그날 교황이 전한 메시지는 그들을 향한 위로이면서 우리를 향한 깨우침이다.

> " "바다에서 사망한 이민자들, 그들이 타고 온 배는 희망의 길이 되지 못하고 죽음의 길이 되었다." 신문 제목이 이러합니다. 몇 주 전, 안타깝게도 번번이 그런 사고가 발생했을 때마다 내 마음은 가시에 찔린 듯 고통스러웠습니다. 나는 오늘 기도하며 가까이 있으려고 여기 왔습니다."[12]

교황은 몸으로 갈 수 없는 곳에는 마음으로 달려간다. 그는 세계 도처에서 발생하는 비극적인 재난에 가슴으로 함께하며 그날그날의 기도제목으로 삼는다. 성 베드로 광장 순례객들과 함께 바치는 삼종기도와 강론 중에는 항상 과거와 현재 지구 가족이 겪는 고통이 기도 현안으로 부각된다. 2014년 성주간을 슬픔과 비탄으로 물들인 우리나라의 세월호 참사 희생자와 유가족을 위해서도 교황은 트위터를 통해 가장 먼저 위로 메시지를 보내며 기도를 약속했다.

프란치스코 교황은 여기서 한 걸음 더 나아가 무관심의 타성에서 우리를 흔들어 깨운다.

> "여러분, **모두 벗어나기 바랍니다.** 오늘날의 이 **야생의 세계**에서 말입니다. 아무것도 주지 않고, 아무도 도와주지 않습니다. 곳곳에서 아이들이 굶어 죽어 가는데도 아무도 관심 갖지 않습니다. 수많은 가정에 먹을 것이 없는데도, 걱정하지 않습니다. 빵이 떨어져 많은 이들이 스스로의 존엄성마저 잃어 가는데도, 관심 갖지 않습니다. 그렇게 많은 이들이 배고픔의 굴레에서 탈출하고자 하는데 관심 두지 않습니다."[13]

'야생의 세계'라는 표현이 풍자의 통렬함을 발산한다. 당장 위기에 처한 이웃에 대한 동물적 무관심에서 벗어나라! 눈물과 나눔의 연대를 호소하는 교황의 촉구는 절박하다.

[2]

교황의
사랑학

신부가 되고 싶어요, 10년만요

프란치스코 교황은 젊은이들을 위한 '사랑학' 강의를 즐긴다. 평생 독신으로 산 그의 사랑학은 과연 설득력이 있을까. 만일 그렇다면, 이는 어린 시절 그가 겪었던 아픈 사랑의 체험 덕일지도 모른다.

10살 무렵, 호르헤 마리오 베르골료는 여자친구였던 아말리아 다몬테에게 빨간 지붕의 하얀 집을 그린 종이를 건네며 말했다.

"우리가 결혼하면 나는 이런 집을 살 거야."

당시 아말리아는 아무 대답도 하지 않았다. 하지만 이 사실을 알게 된 소녀의 부모가 매우 불쾌해하며 더 이상 그를 만나지 말라고 했다. 아말리아는 이 상황을 그대로 베르골료에게 전했다. 이에 그는 이렇게 말했다.

| "만약 네가 나와 결혼할 수 없다면 나는 신부가 될 거야."[1]

부잣집 딸내미를 좋아했던, 가난한 이민자의 아들 베르골료는 이렇게 해서 보기 좋게 딱지를 맞았다. 그리고 그는 결국 진짜로 신부가 되었다.

10살 때 맛보았던 사랑의 쓴맛은 교황이 된 그의 마음 안에서 지금 어떻게 작용하고 있을까. 우리는 그의 고백이 결코 철없던 시절의 사랑 장난이 아니었음을 그의 언급 속에서 발견한다.

| "또 하나의 어려움은 '일시성의 문화'입니다. 내가 보기에 요즘 세상은 그 어느 것도 결정적이지 않습니다. 모든 게 그저 일시적인 것뿐입니다. 뭐 이렇게 말하는 식으로요.
| "사랑해. 사랑하는 동안만."
| 한번은 참 멋있는 신학생이 이렇게 말하는 것을 들은 적이 있어요.
| "나는 신부가 되고 싶어요. 단 앞으로 10년 동안만요. 그 뒤에는 좀 생각해 봐야 할 것 같아요."
| 이런 것이 바로 '일시성의 문화'입니다."[2]

요즘 젊은 연인들 사이에서 "너를 사랑해, 영원히"라고 말하면 백 퍼센트 반길까.

"아니, 영원히? 너 미쳤니?"

이렇게 답하지 않을까. 그것이 요즘 분위기다. 프란치스코 교황은 이에 대해 심각하게 인식한다. 그러기에 교황은 오늘날 사랑의 위기는 '일시성의 문화'라고 꼬집어 말한다. 바꿔 말하면, 무릇 사랑은 길게 가는 것, 궁극적으로는 영원을 지향하는 것이 바람직하다는 훈수다. 이에 비추어 볼 때, 그의 10살 때 사랑 고백은 이제 영 달리 들려온다.

"만약 네가 나와 결혼할 수 없다면 나는 신부가 될 거야."

그가 이 말을 평생 간직했는지 아닌지는 아무도 모른다. 하지만 그는 결과적으로 자신의 말을 지킨 셈이 되었다.

여하튼, 교황이 안타깝게 여기고 있는 '일시성의 문화'는 요즈음 더욱 극단적인 양상으로 전개되고 있다. 오늘날 청년들은 취업난과 경제난으로 인해 연애, 결혼, 출산을 포기하는 삼포세대라 불린다. 결단을 내리지 못하고 사랑도 결혼도 보류하는 것이다. 어쩌면 이들에게 교황의 사랑학은 다소 부담이 될지도 모른다. 하지만, 그 안에 '오래된 미래'가 있다. 그의 맞춤 조언 몇 가지에 귀 기울여 보자.

우선, 청춘 남녀들, 특히 결혼이라는 현안 앞에서 쭈뼛대는 이들을 향하여 친절한 멘토가 되어 준다.

"나는 이렇게 말해 주고 싶어요.

"두려워하지 말고 결단력 있게 행동하세요. 겁내지 마세요."

종종 나는 어머니들에게서 이런 하소연을 듣습니다. "신부님, 저에게 서른 살 된 아들이 있는데, 결혼을 안 해요. 물론 예쁜 여자 친구도 있죠. 그런데 통 결혼할 결심을 안 해요"라고 말입니다.

그럼 나는 이렇게 말합니다. **"자매님, 신부 되기 딱 좋은 친구네요. 그래도 신부가 되겠다는 건 아니잖아요?!"**

두려워하지 말고 결단력 있게 행동하세요. 이를테면 여러분의 깊은 사랑을 표현하는 것으로써 결혼을 결심하는 것 말입니다."[3]

좋아하면서도 희생이 두려워 결혼을 결심하지 못하는 이들, 특히 자아실현을 위해 결혼을 포기하려는 이들, 나아가 실험적으로 살아보고 결정하겠다는 생각을 지닌 이들에게, '사랑의 결단'을 권하는 교황의 말은 뻔하게 들릴 수밖에 없을 것이다.

하지만, 진리는 본디 뻔한 것이다. 행복 역시 뻔한 데에 있다. 뻔한 것을 벗어났을 때, 그것은 후회막급한 비극이 될 수 있다. 그러기에 뻔한 것이 귀한 것이다!

교황은 이미 결혼을 결심한 이들에게도 주례사 풍 맞춤 조언을 준다.

> "혼인성사 예식에서는 언제나 신의를 지킬 것을 다짐합니
> 다. 기쁠 때에나, 슬플 때에나, 건강할 때에나, 아플 때에
> 나 "내 삶 전부를 다해 당신을 사랑하겠습니다"라고 말입
> 니다. 이 순간 앞으로 무슨 일이 일어날지 모르면서도 그
> 들은 이렇게 서약합니다.
> 그들은 어떤 기쁨과 슬픔이 기다릴 줄 모릅니다. [⋯] **결혼
> 은 온 생애에 걸쳐 항상 '손에 손을 잡고' 가는 것입니다.
> 결혼은 오늘날 일시성의 문화와 같이 조각조각 상황에 따
> 라 손을 잡고 가는 것이 아닙니다!"**[4]

이로써 프란치스코 교황은 이렇게 강조하고 있는 셈이다.

"사랑은 마라톤이다. 사랑은 계주가 아니다."

사랑은 길고 긴 여정이다. 그러기에 교황은 권한다. 미지의 여
정을 가듯 사랑의 여정을 가보자고!

이와 관련하여 2014년 성 발렌티노 축일(밸런타인데이)에 한 쌍의
약혼 연인이 교황에게 질문을 던졌다.

"어떻게 지치지 않고 끝까지 사랑하며 살 수 있을까요?"

이 물음에 대한 교황의 답변에는 기지가 서려 있다.

" 사랑의 여정은 가치 있을 뿐 아니라, 언제나 기도가 필요합니다. 남편은 부인을 위해, 아내는 남편을 위해, 둘이 함께 모두, 예수님께 사랑을 더해 주십사 청하는 거죠. 우리는 주님의 기도를 바칠 때 '저희에게 일용할 양식을 주시고'라고 청합니다. 그렇다면 연인·부부들은 다음과 같이 기도를 할 수도 있겠죠.

"주님, 저희에게 오늘 하루 일용할 사랑을 주십시오."

왜냐하면 배우자의 사랑은 진정 하루를 버틸 빵이니까요. 삶을 살아가게 만드는 영혼의 참된 빵이고말고요! 또한 기도는 우리가 말한 것을 스스로 행할 수 있게 해주기도 하죠.

"주님, 저희에게 오늘 하루 일용할 사랑을 주십시오."

모두 다 함께요!

"주님, 저희에게 오늘 하루 일용할 사랑을 주십시오."

한 번 더!

"주님, 저희에게 오늘 하루 일용할 사랑을 주십시오."

이것이 바로 연인들과 부부들의 기도입니다."[5]

우리가 자주 바치는 주님의 기도에서 '일용할 양식'을 '일용할 사랑'으로 살짝 바꾼 교황의 재치가 돋보인다. 생명을 영위하는 데 진정 무엇이 필요한지 교황은 알고 있었던 것이다.

그렇다면 가정 안에서의 사랑은 어떻게 누려야 가장 지혜로울까. 이에 대해서도 교황은 금쪽같은 강론을 한다. 육성의 고저를 함께 들을 때 공감이 커질 수 있으므로, 날 문장 그대로 들어보자. 2013년 10월 26일 성 베드로 광장에서 열린 '대가족 순례' 때에 프란치스코 교황이 한 연설 일부다.

> "삶은 힘이 들지요. 게다가 불행할 때도 많습니다. 이들은 우리들이 모두 경험해 본 바입니다. 일하는 것은 고됩니다. 그런데 그 일자리를 찾는 것도 힘들죠. 오늘날 일자리를 얻는다는 건, 실로 많은 노력을 요구합니다.
> **하지만 이런 것들이 인생의 가장 무거운 어려움일까요? 아닙니다! 이 모든 것들보다 삶에서 제일 힘든 건 '사랑의 결핍'입니다.** 확실히 미소를 받지 못한다는 건 무거운 짐입니다. 아무도 나를 환영하지 않는다는 사실과 침묵은 정말 우리를 힘들게 합니다.
> 그런데 많은 경우 이런 일이 가족 안에서도 벌어집니다. 남편과 아내 사이에서, 부모와 자녀 사이에서, 형제자매들 사이에서 말입니다. **사랑의 결핍은 삶의 어려움을 더욱 무겁게 만듭니다. 견딜 수 없을 만큼 말이죠."**

교황은 우리가 지고 가는 짐 중에 가장 큰 짐이 '사랑의 결핍'이라고 했다. 사랑이 없는 곳에서 살아가야 하는 짐. 공감이 간다.

요즘, 한부모 가정도 그렇고 양부모 가정도 형편은 비슷하다. 사느라고 바쁘니까 아이는 공부만 하라 시켜놓고 나 몰라라 하기 일쑤다. 가족 간에 서로 충분한 사랑이 오고가지 못한다. 사랑을 받으면서 살 때는 뭘 해도 어렵지 않다. 힘들지 않다. 그런데 사랑 없이 혼자서 살아가려고 하면 뭘 해도 짜증나고 힘이 든다.

그러므로 논지는 분명하다.

사랑은 줌으로써 받고, 받음으로써 주는 것이다.

'사랑의 결핍'은 한 사람의 아픔이 아니라 함께의 아픔이다.

의외로 치유책은 어렵지 않다.

매일 '나' 자신을 위해서 한마디씩이라도 따뜻한 말을 '가족'에게 건네주는 것!

바로 '나' 자신을 위해서라도.

이것이 결국 '가족'을 위하는 사랑에로 치닫는 지름길이니.

사랑의 언어 세 마디

교황은 "인간관계는 결국 말로 매개된다"는 점을 잊지 않는다. 그래서 사랑의 언어학을 가르쳐준다. 말만 가지고도 사랑이 전달되고 증진되니까. 교황은 그 사랑을 끈끈하게 해주는 세 가지 말을 권한다.

> "몇 주 전 나는 이 광장에서 가족들 사이에 세 가지 말이 필요하다고 말했더랬습니다. 나는 그것을 다시 말씀드리고 싶네요.
> "내가 ~해도 될까요?!"(May I…)
> "고마워요"(Thank you).
> "미안해요"(I am sorry).
> 이 세 말마디가 열쇠입니다."[6]

최근 말에 대한 연구를 기반으로 『천금말씨』라는 저술을 펴낸 내게 저 세 마디는 예사롭지 않게 다가온다. 이들은 언어심리학에서 권하는 첨단 대안이다. "내가 ~해도 될까요?!"는 상대방에 대한 배려의 반영이다. "고마워요"는 상대의 존재와 행위에 대한 감동의 인사로서, 로고테라피에서 말하는 의미발견의 동기부여다. "미안해요"는 어떤 식으로든 깨어진 평화를 복원하는, 용서의 예식이다.

교황의 사랑학은 이렇게 고전적이면서 첨단스런 실용의 지혜다.

앞에 언급된 성 발렌티노 축일 약혼 연인들과의 만남에서 한 연인이 던진 "결혼생활을 어떻게 해야 잘해 나갈 수 있을까요?"라는 물음에 대한 답변 속에, 저 사랑의 언어 세 마디는 더욱 자세히 소개된다. 하나하나 음미하며 배워보자.

> " "내가 ~할 수 있을까요?", "~해도 될까요?"
> 이는 존경과 관심으로 타인의 삶 안에 들어가기 위한 정중한 부탁입니다. 우리는 부탁하는 법을 배울 필요가 있습니다. 〔…〕 이런 정신을 지니고 아이들을 가르치는 겁니다. "오늘밤에 나가기를 원하니?" 하고 말입니다 〔…〕
> 『성 프란치스코의 잔꽃송이』에는 이런 말이 있죠.

"정중함은 하느님의 모습 중 하나이고, 예의는 자애의 자매로서 증오를 없애고 사랑을 유지시킨다!"
네! **정중함과 예의가 사랑을 보존해 줍니다.** 따라서 폭력과 오만이 팽배한 오늘날의 우리 가족과 세상에는 좀 더 많은 정중함과 예의의 필요성이 있는 겁니다. 그리고 이는 바로 가정에서 시작될 수 있습니다."

"내가 ~해도 될까요"는 사실 쉬운 말이 아니다. 우리가 일반적으로 하는 말들은 나 중심의 명령어이기 쉽다. 그러다 보니 상대에게 자주 상처를 준다. "빨리 밥 줘", "얼른 쓰레기 안 버릴 거야?", "물 떠와" 이런 말들이 누적되다 보면 "너는 손발이 없어? 내가 심부름꾼이야?" 이런 반응들이 나오는 것이다. 이런 일이 소소하게 말 하나에서 시작된다.

그런데 "내가 ~해도 될까요"라는 말은 어떤 것을 하려 할 때 미리 의논하는 말이다. "이번에 주부문화강좌에 신청하려 하는데 해도 될까?", "오늘 저녁에 회식이 있는데 회식하고 들어가도 되겠지?" 뭐 이런 식으로. 이 대화가 익숙해지면 역지사지로 좋은 말이 오고 갈 것이다. 보너스로 서로에 대한 존경심이 생길 것은 물론이고.

| "다음으로, **"고마워요".**

이 말은 하기 쉬운 것처럼 보이지만, 우리는 그렇지 않다는 것을 알고 있습니다. 하지만 이 말은 매우 중요하죠! 우리는 이 말을 아이들에게 가르쳐주지만, 정작 우리는 잊어버립니다. […]

여러분은 루카 복음을 기억하나요? 예수님은 10명의 나병 환자들을 고쳐주셨습니다. 하지만 그 후에 한 명만이 감사를 드리러 예수님께 돌아옵니다. 그래서 주님은 말씀하시죠.

"나머지 아홉은 어디 있느냐?"

이 물음은 바로 우리에게 해당됩니다. 과연 우리는 감사할 줄을 알고 있나요? 여러분들의 관계 안에서, 그리고 미래의 결혼생활 안에서, 내 옆에 있는 이가 하느님의 선물이라는 것을 아는 것은 그 삶을 유지하는 데 중요합니다. 그리고 하느님의 선물에 대해서는 "고맙다"고 말하는 것이 마땅합니다. 이러한 내면의 태도는 모든 것에 대해 서로 고맙다고 말하게 할 것입니다.

감사는 단지 모르는 이들끼리 사용하는 교양 있는 말만이 아닙니다. 결혼생활에서 함께 잘 지내기 위해서는 서로 이 "고맙다"는 말을 할 줄 알아야 합니다."

"고마워요", "감사합니다"는 다 아는 말이지만 쉽게 입에서 나오지 않는다. 그런데 이 말만 많이 해도 사랑이 증진된다. 물론 처음에는 잘 안 된다. 안 쓰던 말을 처음 배울 때는 꼭 외국어 같기 마련. 알고 있던 단어지만 막상 쓰려니 입술에 배지 않아 머리에서만 뱅뱅 돌고 발음이 되지 않는다. 그래서 "그 단어 알긴 아는데 혀가 이상하게 안 움직여요"라는 말이 나오는 것이다. 하지만 입을 열어 길이 나면 나오게 되어 있다.

사실 이 부분에 있어 제일 큰 수혜자가 나다. 강의하면서 "'감사합니다'라고 말하세요, 그러면 좋습니다"라고 입에 달고 다녔더니 감사가 입에 배게 되었다. 어떤 때는 뜬금없는 내 감사에 상대방이 다시 날 쳐다볼 정도다. "도대체 뭐가 고맙다는 거지?" 그럼에도 결국 상대는 웃게 되어 있다. 며칠이 걸릴지라도 그의 맘속에 나는 따뜻한 느낌으로 기억되는 것이다.

특히 가정에서 "고맙다"는 말을 많이 해보자. 부모가 아이에게 작은 것들에서부터 고맙다고 말하면, 아이가 확 바뀐다. 존중받는 느낌, 사랑받고 있는 기분이 아이의 내면을 아름답게 채워주는 것! 아이를 바꾸는 최고의 단어가 "고맙다"인 것이다. 부부 사이에서도 마찬가지다. 자꾸 고맙다고 하면 처음엔 "뭐가 말이야?" 하고 물을지도 모른다. 그때 물러서면 안 된다. "그냥 내 옆에 있으니까 고맙지", "살아주니까 고맙고, 나랑 결혼해 줘서 고맙지" 이렇게 말해 보자. 이 말을 함으로써 서로가 삶의 의미를 부추겨 준다. "아, 내가 가치 있는 사람이구나!" 하고 느끼게 된다.

"세 번째로, **"미안해요".**

삶 안에서 우리는 많은 실수와 잘못을 합니다. 모두가 그렇죠. 〔…〕 그러므로 이럴 때 사용할 단순한 말이 필요한 겁니다. "미안해요." 〔…〕 그러므로 우리들의 잘못을 인정하고 용서를 청하는 것을 익힙시다.

"미안해요. 오늘 내가 언성이 높았다면….”

"미안해요. 인사 없이 먼저 자리를 떠나서….”

"미안해요. 내가 늦었다면….”

"미안해요. 내가 이번 주 내내 너무 말이 없었다면….”

"미안해요. 내가 너무 듣지는 않고 내 말만 했다면….”

"미안해요. 내가 깜빡했네요.”

"미안해요. 내가 당신 때문에 좀 화가 났었어요.”

이처럼 우리는 하루에도 많은 "미안해요"를 말할 수 있습니다.

이와 더불어 그리스도인의 가정은 성장합니다. 사실 우리 모두는 완벽한 가족이란 없음을 알고 있습니다. 〔…〕 헌데, 예수님은 우리를 잘 아십니다. 그래서 비밀 하나를 알려주셨습니다.

"절대로 용서를 청하지 않은 상태로 하루를 마감하지 마라.”

"가족과 집안에서 서로에게 평화를 빌어주지 않고서는 절

대로 하루를 마감하지 마라."

하지만 일반적으로 부부 사이에는 다툼이 있죠. 네, 언제나 무언가 다툴 거리를 우리는 가지고 있습니다. 어쩌면 여러분들은 접시를 던지고 싶을 정도로 화가 날 수도 있습니다. 하지만 이것만큼은 제발 기억하세요.

절대로 절대로 절대로, 평화롭지 않은 상태로 하루를 마무리해서는 안 됩니다. 이것이 비법입니다!"

"미안해요"라는 이 말은 특히 저녁에 잠자기 전에 반드시 의식적으로 해야 한다. 그날 하루의 일 가운데 서로에게 미안한 점이 한 가지씩은 있을 것이다. 그럴 때 하룻밤을 묵히지 말고 꼭 "미안하다"는 말로 풀고 잠자리에 들자. 그래야 상처가 누적되지 않는다. 만일 "미안해"라고 말할 일이 없다 하더라도 "미안해"라고 말하자. 말할 상대가 없는 이라도 혼자서 스스로에게 "미안해"라고 해볼 일이다.

프란치스코 교황이 권하는 이 세 가지 말은 아주 현실적인 처방이다. 이것이 교황의 사랑학이다.

아쉽지만 이쯤에서 교황 특유의 뼈있는 유머로 귀하디 귀한 사랑 훈수를 갈무리해 두자.

"일반알현이나 성녀 마르타의 집에서의 미사에 금경축을 맞는 오래된 부부들이 찾아오면, 나는 묻습니다.

"누가 누구를 참아주고 있는 건가요?"

그러면 둘 다 서로를 한 번 쳐다보고 또 나를 보고는 말합니다.

"우리 둘 모두요."

이야말로 참으로 아름다운 사랑의 증언입니다."[7]

청춘 멘토링

프란치스코 교황은 사제와 수도자가 되기를 바라는 젊은이들과의 대화에서 익살스런 당부를 한 적이 있다.

| "고약한 노총각과 노처녀가 되지 마세요."[8]

언중유골! 이 말 속에는 놓칠 수 없는 뼈가 있다. 여기서 '고약한'이란 한평생 멋있게 살겠다는 위대한 결단을 내려놓고는 그것을 감당하느라 온갖 짜증이란 짜증은 다 부리는 부작용을 가리킨다. 나이가 들어가면서 슬슬 고집이 세지는 것이다. 독신 히스테리가 발동한다 할까. 그러니 요지는 기왕에 하느님을 위해 몸 바치기로 용단을 내렸으면 신나게 기쁘게 살라는 것!

어쩌면 자신을 향한 경종이었을지 모르는 이 말은 비단 독신을 선택한 젊은이들만 겨냥하고 있지는 않을 터. 결국 이런 말인 셈이다.

"무엇을 선택하건, 후회하거나 주춤하지 말고 마구 즐겨라!"

이런 태도는 교황의 삶 전체를 관통하고 있다. 그는 어느 상황에서건 긍정적 측면을 바라보고 그것을 최대한 향유하는 탁월한 육감을 발휘한다.

교황은 청년들에게 자신의 흉금을 털어놓기를 주저하지 않는다. 그들과의 대화에서 그는 먼저 자기 고백으로 말문을 연다. 2013년 9월 22일 이탈리아에서 가장 가난한 지방으로 꼽히는 사르데냐 지방의 청년들을 만나는 자리에서였다.

> **"이 순간 나는 분명히 말합니다. "나는 후회하지 않는다고".**
>
> 네, 나는 후회하지 않습니다. 왜냐하면, 왜냐하면… 내가 앞으로 거침없이 나아갈 수 있을 만큼 강하기 때문일까요?! 아닙니다! **내가 후회하지 않는 까닭은, 내가 어둠 속에 있을 때에도, 죄를 지을 때에도, 실패할 때에도 언제나 나는 주님을 바라보았기 때문입니다. 나는 그분에게 초대되었으니까요. 그분은 나를 혼자 내버려두지 않으셨습니다!** [⋯]
>
> 여러분들도 초대되었습니다. 그분은 늘 앞장서 나가십니다. 그분은 우리와 함께 걸으십니다. 그리고 들어보세요!

> 그분은 결코 속이시는 분이 아닙니다. 그분은 신실하십니다. 우리의 믿음직한 동반자이십니다.
>
> **마음으로 그려보세요. 이것이 나의 고백입니다. 나는 주님과 함께한 이 60년이 행복합니다. 앞으로 나아가세요! 내가 너무 길게 말했죠?!"**

프란치스코 교황의 저 고백처럼, 하느님은 언제나 우리와 함께 계신다. 우리를 보고 계신다. 죄 중에 있기에 차마 고개 들지 못하고 하느님을 향한 눈을 감아 버린다고 해서 하느님이 우리에게서 사라지시는 게 아니다. 하느님의 시선을 피하려 하는 것은 눈 가리고 아웅 하는 격일 따름. 어차피 그렇다면 넉살 좋게 넙죽 자백하고 그분 도우심을 청하는 게 상책이 아닐까.

이는 한 교황의 가르침이 아니라 한 신앙인의 자기 고백이다. 고백은 지극히 인간적인 것이다. 고백은 온갖 장벽을 넘어 만인의 언어로 공감된다. 그러기에 교황의 고백은 모든 젊은이들을 위한 호소가 된다.

> "절대로 절망하지 마세요! 조금도 낙담하지 마세요! 조금이라도 스스로를 바닥으로 내팽개치지 마세요! 제발 어둠의 거짓 위로를 얻으려 하지 마세요! 절대로!"

대학교 강단에서 문학, 심리학, 철학 등을 강의하기도 한 경험으로부터 젊은 세대의 방황과 슬픔을 아는 교황이기에 그의 멘토링은 진정 '탁상'의 그것이 아니다. '리얼' 그 자체다.

살다 보면 사랑도 좌절할 때가 온다. 사랑이 그렇게 쉬운 게 아니다. 실연할 때도 온다. 인생에서 고난의 시절도 온다. 하지만 프란치스코 교황의 결론은 낙관론이다.

각박한 삶의 현장에 진입하기도 전에 두려움으로 지레 좌절하고 포기하는 젊은이들의 모드를 모르지 않는 교황의 톤은 그만큼 격정적이다.

> "젊은이여! 사랑하는 젊은이 여러분! 학업·아르바이트·우정·봉사 등 여러분이 해야 할 본분에 열정을 쏟으십시오. 여러분의 미래는 여러분에게 주어진 그 귀중한 젊음을 어떻게 보내느냐에 달려 있습니다. 자신이 해야 할 일을 미루지 말고, 다른 이들을 위한 희생을 두려워하지 마세요. 두려움으로 미래를 바라보지 마세요. **지평선 끝에는 언제나 빛이 있습니다.**"[9]

이처럼 젊은이들은 교황의 근심이요, 슬픔이고, 기쁨이기도 하다. 그러기에 그는 수많은 초대를 뒤로 미루고 휴가 기간을 이용해 2014년 8월 우리나라 대전에서 개최되는 아시아 청년대회

(AYD)에 참석하는 우선적인 선택을 하였다.

그가 특별히 젊은이들에게 시간을 많이 할애해 온 것은 그들이 '전환기'에 있기 때문이다. 곧 한순간에 잘못된 선택으로 인생을 그르칠 수 있고, 단 한마디의 조언으로도 완전히 새로운 삶을 살 수 있는 이들이라는 것. 그러기에 교황은 그들에게 자상한 멘토링을 건넨다.

"지평선 끝에는 언제나 빛이 있습니다"라는 교황의 저 말은 오랜 시련의 기간을 버티고 끝까지 포기하지 않는다면 하느님의 은혜 가운데 축복을 누리는 삶을 살게 된다는 낙관론이다.

이처럼 최종 결론이 낙관론이라면 과정은 어려워도 견딜 수가 있다. 그리하여 도전에 더욱 용기를 낼 수 있게 되는 것. 바로 이런 확신에서 교황은 젊은이들을 독려한다.

> **"삶을 발코니에서 관망하지 마세요! 여러분은 도전들이 있는 그곳에 뛰어들어야 합니다."** [10]

내가 보기에도 요즈음 젊은이들은 다분히 안전 지향적이다. 뭔가 야성이 부족한 듯하고 고생을 기피하려는 성향이 짙다. 프란치스코 교황이 '발코니'라는 단어를 통해 권하고자 했던 것은 바로 "난간을 잡은 채 안전에 집착하지 말고, 과감히 손을 놓고 모험지대에 뛰어들라"는 것 아니었을까.

'고약한 노총각'이 되기를 싫어했던 교황! 그의 곁에서는 여느 자발적 노총각의 고약한 찬바람이 불지 않는다. 되레 특별히 청년들을 사랑하고 그들의 입장에서 함께하려는 열정이 흐른다. 언제나 기분 좋은 친구와 함께 일 때처럼.

어찌 기쁘지
아니한가

오이지 얼굴은 노(No)!

| "절인 오이 같은 일그러지고 슬픈 표정을 짓지 말라."

교황 프란치스코가 2013년 7월 6일 로마를 방문한 66개국 6,000여 명의 신학생과 남녀 수도 성소 지망자들을 만난 자리에서 한 말이다.

'절인 오이'! 우리말로 '오이지'다. 이는 아주 상징적인 표현이다. 보통 수도생활을 하다 보면 엄숙함에 익숙해지다 보니 자꾸 표정이 굳어진다. 기쁨을 살지 못하고 딱딱한 얼굴로 생활하는 것이 자못 안타까워 교황은 저렇게 말한 것이다. 이는 우리에게도 해당되는 말이다. 열심한 사람은 두 가지로 분류된다. 하나는 너무 엄격하게 열심해서 얼굴이 점점 굳어가는 사람, 또 하나는 즐겁게 열심해서 얼굴이 환하게 펴지는 사람. 그렇다면 누가 제대로 신앙생활하는 사람일까. 이와 관련하여 교황은 적절한 답변을 제시한다.

> "그리스도인은 새로운 의무를 강요하는 사람이 아니라, 기쁨을 나누는 사람, 아름다운 전망을 보여주는 사람, 그리고 풍요로운 잔치에 다른 이들을 초대하는 사람입니다. 교회가 성장하는 것은 개종 강요가 아니라 "매력"[1] 때문입니다."[2]

핵심을 관통하는 말이다. 실로 신앙은 '의무'가 아니라 '기쁨'이다. 그것이 바로 그리스도인의 '매력'이며 특은인 것이다. 이 특은에서 어느 누구도 소외되지 않는다.

> "복음의 기쁨은 어느 누구도 또 그 무엇도 우리에게서 결코 빼앗아 갈 수 없는 기쁨입니다"(요한 16,22 참조).[3]

평범한 듯하지만 센 말이다. 어떤 박해자도, 그 어떤 권력자도, 또 그 어떤 탄압이나 시련도, 나아가 그 어떤 유혹도 우리에게서 기쁨을 빼앗아 가지 못한다는 얘기이니. 이를 전제로 프란치스코 교황은 앞에 언급된 만남의 자리에서 신명나게 기쁨보따리를 풀어놓는다.

> "토마스 성인은 "bonum est diffusivum sui"라고 하셨는데, 그다지 어려운 라틴어는 아니지요. "선은 번져나간다"

라는 뜻입니다. 그런데 **기쁨도 번져나갑니다.** 〔…〕 **기쁨은, 진정한 기쁨은 전염성이 있습니다.** 〔…〕 슬픔 속에는 성덕이 없습니다. 없어요! 〔…〕 데레사 성녀는 이렇게 말씀하셨습니다. "슬퍼하는 성인은 변변치 못한 성인이다!" 별 가치가 없어요."[4]

교황은 성 토마스의 말을 빌려 기쁨도 번지는 것이라며 "내가 기쁜 표정을 지으면 주변에 기쁨이 확산된다. 그것도 봉사다"라고 말한다.

그런데, 프란치스코 교황의 이 언급과 관련해서 개인적으로 생각나는 체험이 있다. 뭐냐 하면, 유럽의 고풍스러운 수도원에 가보면 하나같이 음산하다는 것이다. 채광이 썩 좋지 않다. 꼭 교도소 분위기다. 성전에 들어가도 마찬가지다. 한번은 중세 때 아주 유명했던 봉쇄수도원을 방문한 적이 있는데, 석조건물에 의자도 돌로 되어 있었다. 추울 때 어떻게 기도생활을 하느냐고 물었더니, 난방 없이 그 돌의자를 사용한다는 것이었다. 왜 그렇게 하느냐 재차 물었더니, 옛날에는 일부러 그러한 방식으로 고행을 많이 해왔다는 답이었다. 그들은 육신을 괴롭히면서 수도생활하는 것을 이상적으로 여겼단다. 결국 그 수도원에 들어와서 마흔 살을 넘긴 사람이 없다고 한다.

그때 언뜻 든 생각이 "고행은 그리스도교 영성이 아닌데…"였다. 이러한 경건주의는 원래 그리스 계통의 스토아학파, 스토이시즘을 표방하는 사람들이 내세웠던 정신이다. 그들은 육신을 죄 덩어리로 보았고, 이 육신을 잘 다스려야 영혼이 자유를 얻는다는 공식을 믿었다. 그런데 이는 성경의 진리가 아니다. 성경은 인간을 일원론적으로 보기 때문에 "영혼은 선하고 육신은 악하다"는 이원론적 발상과는 거리가 멀다.

하지만 초기 교회 시절 영지주의의 영향으로 이 사상이 그리스도교 안에 슬그머니 들어와 있고, 이후 일부 수도회를 통하여 그 잔재가 대물림되었다. 오늘날 신자들이 읽는 몇몇 영성 서적에도 슬쩍 들어와 있다. 육신은 유혹이고 죄 덩어리라는 말들, 육신을 괴롭히는 편태(회초리질) 등이. 프란치스코 교황은 이 현상을 두고 저 말을 했던 것.

그렇다면, 교황은 도대체 왜 우리가 기뻐해야 한다고 강조하는 것일까. 그 힌트를 우리는 그의 다른 강론에서 발견한다. 바로 '값없이 받은 은총' 때문이라는 것이다.

> "그런데 혹시 이 은총이 얼마인지 아는 분 있나요? 어디에서 은총을 파는지? 어디에서 살 수 있는지? 아무도 모르네요!
> 혹시 본당 사무실에 가면 은총을 살 수 있던가요? 거기서

팔던가요? 아니면 본당 신부가 은총을 팔던가요?

여러분, 잘 들어두세요! 그 누구도 은총을 팔거나 살 수 없습니다. 은총은 예수 그리스도께서 우리에게 선물로 주시는 겁니다. 선물로! 그러니 우리는 받아들이기만 하면 됩니다. 참 아름답지 않나요?!"[5]

우리는 '은총'이라는 말에 너무 익숙하기에 그 가치를 잘 모른다. 은총은 주님께서 우리에게 공짜로 주신 선물이다. 이것은 그리스도교 특징이다. 이 세상 거의 모든 종교는 상선벌악의 체계다. 내가 잘해야만 상을 받는다. 하지만, 그리스도교 신앙인은 잘하든 못하든 이미 은총이라는 선물보따리를 공짜로 받았다.

그러니까 성당에 나와서 "나는 면목이 없어서…", "나는 한 게 없어서…", "나는 자격이 없어서…"라고 얘기하는 이들은 아직 일반상식으로 말하는 것이다. 자격 없는 사람도 성당에 와서 공짜로 국수 먹을 수 있다. 용서도, 사랑도 공짜로 받아갈 수 있다. 이것이 은총이고 축복이다. 그러니 기쁠 수밖에!

한번 생각해 보자. 만일 우리 중 누가 마트에서 공짜 사은품을 받았다고 하면, 그날은 난리가 날 것이다. 주변 사람들에게 자랑하고 인터넷에 사진 띄우고 하는 등 말이다. 그런데 우리는 그보다 더한, 아니 비교조차 할 수 없는 것들을 전부 다 공짜로 받아 누리니 얼마나 으쓱할 만한가.

이는 사실 예수님께서 첫 번째로 선포하신 기쁜 소식의 요체였다. 그리고 이 기쁜 소식은 예수님의 십자가 죽음과 부활을 통해 담보된 영원한 생명으로 온전히 구현되었다. 프란치스코 교황은 그 핵심을 이렇게 요약한다.

> **"예수 그리스도께서는 여러분을 사랑하신 나머지 여러분을 구원하시고자 당신 목숨을 내어 주셨습니다.** 그리고 지금은 날마다 여러분과 함께 사시면서 여러분을 깨우치시고 힘을 주시고 자유롭게 해주십니다."[6]

이 은총의 복음은 교황에게 '후렴구'에 해당한다. 그가 어느 자리에서 어떤 주제로 말하건 '기쁜 소식'은 항상 그 중심에 있다.

이를 머리로만 이해하는 것으로는 아직 부족하다. 그렇다면 이 기쁜 소식을 언제 제대로 느낄 수 있을까? 극단적으로 말해서 잘못된 구도의 길에 들었다가 생고생 좀 해보면 금세 안다. 고생고생해도 영적 진전이 없고 발전도 없고 돈은 돈대로 들고 헛걸음질 치다가 예수님을 딱 만났다고 치자. 그런데 만나자마자 즉석에서 하느님의 자녀로 선언을 받았다. 그러면서 하느님께서 주시는 은혜를 누리게 되었다. 얼마나 기쁜지 눈물이 날 지경이다. 이렇듯이 눈물로써 확인한 기쁨이 참 기쁨이다.

말로만이 아니다. 억지로가 아니다. 누구든지 이 기쁜 소식을 체험하게 되면 그 기쁨이 차고 넘치기 마련이다. 교황은 이를 예수님 제자들에게서 확인한다.

> "내가 너희에게 이 말을 한 이유는, 내 기쁨이 너희 안에 있고 또 너희 기쁨이 충만하게 하려는 것이다"(요한 15,11).[7]

그리고 때가 찼을 때, 제자들은 혹독한 박해 속에서도 이 기쁨을 누렸다. 이 기쁨은 능동적인 기쁨이기 이전에 수동적인 기쁨, 곧 억지로 자아내는 기쁨이 아니라 저절로 흐르는 기쁨이었다. 죄인들에게 무상으로 주어지는 구원과 함께 물밀듯이 밀려오는 기쁨! 그러기에 프란치스코 교황은 이 기쁨을 거스를 수 없는 '큰 강물'에 비유한다. 교황은 이 강물에로 우리를 초대한다.

> "제자들이 가는 곳마다 "큰 기쁨이 넘쳤고"(사도 8,8), 박해를 받으면서도 그들은 "기쁨으로 가득 차"(사도 13,52) 있었습니다. 내시는 세례를 받자마자 "기뻐하며 제 갈 길을 갔으며"(사도 8,39), 간수도 "온 집안과 더불어 기뻐하였습니다"(사도 16,34). **그렇다면 우리라고 이 기쁨의 큰 강물 속으로 들어가지 못할 이유가 있습니까?"**[8]

프란치스코 교황은 이러한 복음이 특히 젊은 세대에게 전해지길 희망한다. 2013년 10월 4일 성 프란치스코 축일에 아시시를 방문한 가운데, 청년들과의 대화에서 그는 이렇게 말문을 연다.

> "오늘 성 프란치스코의 이름으로 여러분에게 말합니다.
> **나는 금도 은도 없습니다.**
> **하지만 여러분에게 아주 귀중한 것을 드리겠습니다.**
> **그것은 바로 예수님의 복음입니다.**
> 마음속에 복음과 함께 용기를 가지고 앞으로 나아가세요."

권하는 이의 말이 설득력을 발휘하려면 자신이 먼저 실행해야 한다. 교황 자신은 과연 어떠했을까? 기쁨은 그의 삶 전체를 관류하는 생명력이다. 부에노스아이레스 대교구 주교 시절의 그를 기억하는 최 베노아 수녀의 증언이 왠지 더욱 실감나게 들려온다.

"한국 수녀에 대한 관심은 각별하셨어요. 만날 때마다 '잘 생활하고 있느냐, 기쁘게 생활해야 한다'며 격려하셨지요. '한국 수녀들은 말은 서툴러도 웃음으로 아주 훌륭한 선교를 하고 있다'며 '웃음은 복음적인 언어'라고 말하며 수녀들을 치하하기도 했죠. 그리고 '단 2~3시간을 일하더라도 환자들에게 밝게 웃어주는 것이 중요하다'라는 간단한 말씀으로 수도자가 해야 할 일이 무엇인지를 가르쳐주셨어요. 당신이 먼저 다가가시고 열려 있으세요. 유머도 많으셔서 처음 만나는 사람도 긴장하지 않도록 대화를 부드럽게 이끌어주셨어요."[9]

교황의 말처럼 웃고만 다녀도 기쁜 소식이 전해진다.

날마다 미소 짓는 까닭

기쁨과 행복은 이웃사촌이다. 기쁜 사람이 행복하고 행복한 사람이 기쁜 법이다. 행복은 입술이 고백하기 전에 표정으로 드러난다. 프란치스코 교황의 귀에 걸린 환한 미소는 값으로 환산할 수 없는 행복을 폭로한다. 그의 미소는 바라보는 이에게 하나의 물음이다.

"저분은 저렇게 웃으시는데, 나는 행복한가?"

그는 그 개구진 미소로 우리의 행복을 일깨운다. '거창한' 희열이 아니라 '소소한' 기쁨. 바로 라틴아메리카의 아들로서 몸에 밴 행복이다. 이에 관해 한 인터뷰에서 그는 이렇게 말했다.

> **"나는 탱고를 정말 좋아합니다. 내 안에 잠재된 본능 같은 것입니다."** [10]

이는 교황이 추구하는 행복이 뜬구름 잡듯 고상한 것이 아니라는 사실을 시사한다. 그에게도 먹고 마시고 입고 노는 것이 행복의 중요한 계기였던 것.

지금도 바티칸 홈페이지를 장식하는 사진들을 훑어보면 이런 소소한 행복의 순간 포착 일색이다. 인사말, 수다, 생일파티, 만족과 감사, 나눔, 선행에서 발생하는 행복….

하루하루 모든 것을 기쁨의 소재로 삼는 것도 행복의 명수다. 행복은 영어로 'happiness', 이 단어는 '발생하다'는 의미의 'happen'에서 파생되었다. 즉, 행복은 소유하는 게 아니라 순간순간 발생시키는 것이라는 말이다. 행복을 주머니에 넣어 다닌다고 해서 행복한 게 아니라는 것. '발생'시킨다는 건, 사건 속에서 일상 속에서 만남 속에서 마주하는 모든 것들을 기뻐한다는 의미다. 행복의 비결은 이처럼 간단하다.

이러한 원리만 알고 있어도 우리는 행복해질 수 있다. 고통의 한복판에서도 말이다. 그간 행복에 대해 숱한 강의를 해온 나로서도 교황의 행복 지혜에 백번 공감한다.

프란치스코 교황이 말하는 기쁨은 결코 이 세상의 문젯거리들과 동떨어진 기쁨이 아니다. 그는 현대인의 고충을 십분 헤아린다.

"물론 기쁨은 삶의 모든 순간에, 특히 가장 힘든 때에도, 똑같이 경험할 수 있는 것이 아님을 나는 잘 알고 있습니다. 기쁨은 상황에 따라 변하지만, 한줄기 빛으로라도 언제나 우리 곁에 있습니다. 이는 끝없이 사랑받고 있다는 개인적인 확신에서 생겨납니다. 나는 큰 고통을 견뎌야 하는 사람들의 슬픔을 이해합니다. 그러나 극심한 비탄 속에서도, 더디지만 분명하게, 드러나지는 않지만 확신으로, 점차 믿음의 기쁨이 되살아나도록 해야 합니다."[11]

그렇다면 교황이 꿰뚫어 본, 현대인의 행복에 위협이 되고 있는 위기 요인은 무엇일까. 바로 지나친 물질적 풍요의 추구와 탐욕이 초래하고 있는 부작용이다.

"오늘날 세상의 가장 큰 위험은 온갖 극심한 소비주의와 더불어 개인주의적 불행입니다. 이는 안이하고 탐욕스러운 마음과 피상적인 쾌락에 대한 집착과 고립된 정신에서 생겨나고 있습니다. 〔…〕 많은 이가 이러한 위험에 빠져 활력을 잃어버리고 불만과 분노에 가득 찬 사람으로 바뀌어가고 있습니다."[12]

오늘 우리들이 살아가고 있는 모습을 핵심적으로 간파한 묘사다. 교황은 결국 "기술 사회가 쾌락의 기회를 증대시켜" 왔지만 "기쁨을 낳기는 매우 어렵다"[13]는 결론에 이른다. 이것이 사실이라면 참 기쁨은 당연히 그 반대급부에 있다.

> "내가 이제껏 살아오면서 겪은 가장 아름답고 자연스러운 기쁨은 가진 것 없는 매우 가난한 이들의 기쁨입니다."[14]

그의 말을 더 들어보자. 교황은 기쁨의 원천에 대해서 묻는다.

> "**기쁨은 어디에서 태어납니까?** 〔…〕 누구는 이렇게 말할 겁니다. "기쁨은 우리가 가진 것에서 태어난다. 그러니 최신형 스마트폰을 찾아보자. 아님 더 빠른 스쿠터나, 눈에 띄는 자동차…." 기쁨은 우리가 가진 것들로부터 태어나지 않습니다. 〔…〕 **진정한 기쁨은 어떤 사물이나 소유에서 오지 않습니다. 그렇지 않아요!**
> **기쁨은 만남에서, 다른 사람들과의 관계에서 태어나며, 자신이 받아들여지고 이해받고 사랑받았다는 느낌에서 태어납니다. 또한 받아들이고, 이해하며, 사랑하는 것에서 태어납니다.** 〔…〕 **기쁨은 만남의 무상성에서 태어납니다!**"[15]

프란치스코 교황은 "기쁨이 태어난다"는 문학적인 표현을 썼다. 이는 "기쁨이 발생한다"는 얘기와 같다. 그럼 어디서 발생한다고 했는가? 가진 것이 아니라 인간관계에서다. 만나고 대화하며 주고받는 관계에서, 보람에서 발생한다.

바로 이 대목이 행복과 관련하여 우리가 잘 알면서도 실상은 모르고 또 잘 모르면서도 알고 있는 진실이다. 그 유명한 "소유냐 존재냐"의 딜레마를 언급하고 있기 때문이다. 실제로 사람들은 물질이 궁극적인 만족을 주지 못하며 탐욕에는 끝이 없음을 안다. '소유'로는 행복을 보장받지 못한다는 것을 뻔히 안다는 말이다. 그리고 '존재' 지향의 삶, 곧 가진 것에 만족해하며 주위 사람들과 선한 관계를 유지함으로써 참 행복을 누릴 수 있다는 것도 잘 안다. 그런데, 그게 잘 안 된다. 어떤 이는 이 비극에 대하여 "아는데 잘 안 된다"고 에둘러 결론짓는다. 하지만 그렇지 않다. 저 단정에 나는 이렇게 반론하고 싶다.

"아직 덜 아니까 잘 안 되는 것이다. 아는 것도 겉으로 아는 게 있고 속으로 아는 게 있다. 확실히 알면 잘 되기 마련이다."

이런 관점에서 본다면, 교황의 저 말은 '흔한' 말이 아니다. 이미 '실행'의 단계에 진입한 사람만이 "당연한 말씀!"이라고 맞장구를 치며 수긍할 수 있는 언사다. 신앙도 행복도 꿈도 이런 원리를 제대로 깨달으면 나아갈 길이 보인다.

실로 행복은 존재의 선한 구현을 통해 발생한다. 그러기에 교황은 자신에게 문제를 가지고 도움을 청하러 온 사람들에게 자주 되묻는다.

> "선행을 하고 있습니까? 작은 것이어도 좋으니 이웃에게 선행을 하세요."

이는 윤리적 덕목의 권고가 아니었다. 행복의 비밀을 아주 소중한 사람들에게 나눠주고픈 교황의 친절한 귀띔이었다.

교황 리스트 10가지

그 진정성에 전염되어서일까. 필리핀 마닐라에서 퍼지기 시작하여 전 세계 네티즌들 사이에서는 2014년 새해 결심으로 '프란치스코 교황 리스트 10가지'가 유행으로 속속 번졌다. 벌써 여기까지 읽어 온 독자라면 왜 이 리스트를 따라하기로 결심했는지 금방 납득될 것이다.

첫째, 남을 험담하지 마세요.
둘째, 음식을 끝까지 남김없이 드세요.
셋째, 다른 사람을 위한 시간을 만드세요.
넷째, 좀 더 낮은 구입품을 선택하세요.
다섯째, 살을 맞대고 직접 가난한 자를 만나세요.
여섯째, 다른 사람에 대해 판단하는 것을 그만두세요.
일곱째, 의견이 다른 사람과 친구가 되세요.

여덟째, 헌신하세요. 예를 들어 결혼생활을 하는 것처럼.

아홉째, 주님께 청하는 습관을 만드세요.

열째, 행복해하세요.[16]

바로 행복 실행 열 가지다.

이처럼 행복은 하나하나 작은 실천들을 통해 만들어진다. 그간 교황의 언행을 기초하여 누군가에 의해 완성된 이 10가지 행복 덕목. 이것이 교황 프란치스코의 행복 지혜 요체다.

하나하나 짚어보자.

첫째, "남을 험담하지 마세요".

프란치스코 교황은 험담에 대해 많은 언급을 했다. 예컨대, 교황은 **"험담은 처음엔 사탕처럼 달콤하고 재미있다고 느낄지 모르겠지만, 결국에는 스스로 불쾌해지고 독이 돼 돌아온다"**고 역설한다. 나아가 **"험담을 하지 않는다면 우리 모두 성인이 될 수 있다"**고 강조한다.[17] 유럽 문화에서도 사람들이 모였다 하면 험담을 하는 모양인지 교황은 **"험담이 노인들의 스포츠다"**라는 말도 한다. 그런데 험담은 단도직입적으로 말해서 상대방에게 상처를 입히기 전에 말하는 이 자신의 마음을 황폐화시킨다. 험담을 하면 할수록 자신의 마음도 뒤틀리고 꼬여 가 삐딱해지기 때문이다. 결국 손해 보는 이는 나다.

둘째, "음식을 끝까지 남김없이 드세요".

프란치스코 교황은 우리들의 식탁에 굶주린 이들을 위한 공간을 비워두자고 권고한다. 배고픈 자들과 굶는 이들을 생각해서 조금씩 덜어서 먹으라는 의미다. 그렇게 하여 남은 것이 있으면 아낌없이 나누라는 것! 작지만 큰 실천이다. 이를 행하지 않는다면 우리는 매일 선행할 기회를 쓰레기통에 버리는 셈이 된다는 사실을 잊지 말 일이다.

셋째, "다른 사람을 위한 시간을 만드세요".

프란치스코 교황은 다른 사람들을 위해 시간을 잘 낸다. 이것도 선행이다. 5년 동안 수련생활을 하면서 그와 알고 지내던 한 신부는 교황에 대해 이렇게 얘기하기도 했다. **"취미요? 수련기간에 그분을 줄곧 뵀지만 그분 취미가 뭔지 모르겠습니다. 애당초 자신을 위해 시간을 쓰시는 모습을 본 적이 없습니다."**[18] 교황은 늘 자신을 만나려고 찾아오는 사람들을 위해 시간을 내었던 것이다.

넷째, "좀 더 낮은 구입품을 선택하세요".

이 실천은 가난과 나눔이라는 두 마리 토끼를 잡는 격이다. 프란치스코 교황이 몸소 자발적 가난을 택하여 실제로 검약하게 살고 있는 것 역시 같은 지향에서일 터이니, 사족이 필요 없겠다.

다섯째, "살을 맞대고 직접 가난한 자를 만나세요".

알다시피 이는 프란치스코 교황의 전매특허다. 따라서 교황의 본을 따라, 가난하고 소외된 사람들에게 멀찍이서 돈만 툭 던져주지 말고 눈도 맞추고 보듬기도 하면서 '심미적 사랑'을 나누자는 것!

여섯째, "다른 사람에 대해 판단하는 것을 그만두세요".

프란치스코 교황은 어떤 일이 있어도 판단하지 않는다. 그는 사회적으로 여러 가지 윤리성이 문제시되는 일에서도 섣부른 단정을 내리지 않았다. 우리 역시 남을 판단할 자격이 없다.

일곱째, "의견이 다른 사람과 친구가 되세요".

이는 프란치스코 교황의 지론이다. "대화, 대화, 대화!" 이는 모든 분야의 지도자들에게 권하는 리더십의 조건이기도 하다. 그런데 이것도 생각이 맞는 사람하고만 나누는 대화가 아니다. 그러니 이견을 가진 사람들과도 대화를 나누라는 것.

여덟째, "헌신하세요".

이는 프란치스코 교황이 기쁨을 강조하는 이유와 같은 맥락의 지혜다. 무엇을 하건 인생을 몰입해서 살라는 말이다. 기왕에 할 일이라면 의무가 아니라 즐거움으로 임하라는 것. 이는 "누가 너에게 천 걸음을 가자고 강요하거든, 그와 함께 이천 걸음을 가 주어라"(마태 5,41) 하시는 예수님의 권고와도 통한다.

아홉째, "주님께 청하는 습관을 만드세요".

프란치스코 교황 역시 매사를 위해 깨알기도를 바치고 있고, 그런 일상 기도를 우리에게도 적극 권한다. 이 자질구레하고 소소한 기도가 교황에게 결정적인 힘이 되고 있음을 우리는 그의 여러 언급들에서 확인한다. 그러니 고민거리, 걱정, 선택 등을 앞에 두고 혼자서 끙끙대지 말고 그때그때 기도로 청해 볼 일이다.

열째, "행복해하세요".

이는 프란치스코 교황이 자신의 삶, 표정, 메시지로 시종일관하게 강조하고 있는 바다. 지금 이 꼭지의 주제이기도 하니 더 이상의 첨언이 필요 없을 터!

전체적으로 봐도, 교황 리스트 10가지는 프란치스코 교황에게서 영감을 얻은 소소한 행복 지혜다. 그런데 교황에게도 행복 멘토가 살짝 공개되었다.

언젠가 그가 직접 들고 다니는 가방 속에 책 한 권이 들어 있다고 해서 화제가 되었다. 바로 소화 데레사 자서전이다. 소화 데레사가 누구인가? 아주 사소한 고통들을 주워 모아 십자가 고통에 일치시키는 재주를 가졌던 성녀다. 바로 이 성녀의 모범에서 교황은 작은 행복들을 주워 모아 모자이크를 엮는 지혜를 배우지 않았을까.

성녀의 일생을 보면 마치 소꿉장난 같다. 성녀는 열다섯 살에 수도회에 입회하여 스물네 살에 죽기까지 수도회의 울타리 안에서 보호받으며 생활했다. 짧은 나이로 생을 마감했기에 사실 업적이라고 내세울 것도 없다. 세상의 기준으로 보면 그저 혼자 열심히 산 것일 뿐, 후대에 전수될 만큼 만들어 놓은 것이 별로 없다. 그런데 무엇이 성녀가 될 정도로 위대하다는 것일까. 소화 데레사는 자신에게 주어진 시간 속에서 주어진 영성적인 소재들을 하나도 놓치지 않고 전부 희생으로 봉헌할 줄 알았다. 어떻게 보면 성녀는 조금 소심하고 속 좁은 사람이었다. 굉장히 예민했다. 대범한 사람 같았으면 문제도 안 될 걸 늘 문제 삼을 정도로 말이다.

그럼에도 하느님께서 기특하게 보신 것은 그걸 일일이 제대 앞에 가져와서 기도로 바치는 그녀의 태도였다. 이렇게. "아까 어떤 수녀님이 나 놀린 거 기억하시죠? 그때 제 마음이 너무 아팠어요. 그렇지만 그거 제가 희생할게요. 이 희생을 선교사로 가 있는 그 누군가에게 나누어주셔서 선교가 잘되게 해주세요."

어떻게 보면 소화 데레사 성녀의 영성은 아주 배우기 쉽다. 거창한 게 아니고 작은 거니까. 이런 작은 것들을 모아서 성녀는 늘 기쁘게 살았다. 희생하고 봉헌하면서 찡그리지 않고! 교황 역시 당신 기쁨의 강론을 또 한 번 이렇게 익히고 겸손하게 배우려고 소화 데레사 성녀의 자서전을 가방에 넣고 다닌 게 아닐까.

또 그는 '프란치스코' 이름을 교황명으로 빌렸을 만큼 성 프란치스코를 흠모했다. 프란치스코는 오상을 받는 고통 속에서도 매순간 기쁨을 놓치지 않겠다는 복음적 행복관을 가졌던 인물.

오상은 낭만이 아니다. 성인은 육체의 고통이 극에 달할 때마다 형제들에게 부탁해서 바이올린 연주를 애써 들으려 할 만큼 적극적으로 기쁨을 좇았다. 살아내야 하니까.

실종된 기쁨을 마냥 기다리기만 할 노릇이 아니라 스스로 만들어 누리는 지혜. 프란치스코 교황 역시 우리에게 권하는 행복의 비밀일 터다. 그는 오늘도 익살스런 미소로 묻는다.

| "행복하신가요?"

[4]

자비의
포옹

나는 죄인입니다

한 인터뷰에서 이런 질문이 있었다.

"호르헤 마리오 베르골료는 누구입니까?"

이 물음은 교황의 자기 고백을 요청하는 물음이다. 호르헤 마리오는 교황의 이름이며 베르골료는 그의 성이다. 그러니 이 물음은 그의 자의식, 그의 신원을 밝혀달라는 청원이다. 이를테면, "차동엽은 누구입니까? 신부 말고" 이렇게 물은 것과 같다. 나라면 뭐라 답했을까. 교황은 이렇게 대답했다.

> "나는 죄인입니다. 이것이 가장 적절한 대답이라고 생각합니다. 그저 하기 좋은 말이 아니라, 정말로 나는 죄인입니다."[1]

함축적인 고백이다. 다시 음미해 보자. "나는 죄인입니다"라는 고백은 반쪽짜리다. 나머지 반쪽은 "하지만 하느님께서 내게 자비를 베푸셨습니다"일 터다.

이러한 자의식은 놀랍게도 그가 17세 되던 해 섬광처럼 덮쳤다. 당시 교황은 천방지축으로 살던 청소년이었다. 가정교육이 잘 되어서 신앙적으로는 중심이 잡혀 있었지만 사춘기는 열심한 소년에게도 오는 법이다. 그 시절 교황은 탱고보다 더 격렬한 춤으로 알려진 밀롱가를 좋아했다. 술집 문지기 아르바이트도 했다. 아버지의 권유로 화학기술학교도 다녔다. 한마디로 에너지 넘치는 젊은이였다.

그러던 어느 날 그는 고해성사를 보러 성당에 갔다. 마침 성 마태오 축일이었다. 그날 복음서의 한 대목이 그를 사로잡았다. 알다시피 마태오는 '세리'였다. 세리는 우리식으로 이해하면 일제 강점기 세금징수 앞잡이 정도에 해당한다. 그러니 사람들로부터 죄인 취급 받은 것은 당연지사. 그런 세리를 예수님께서 자비의 눈으로 유심히 바라보신 다음 제자로 택하여 부르신 것.

"나를 따라라"(마태 9.9).

이 부르심에는 이미 "너는 용서받았다"는 선언이 내포되어 있다. 바로 이 대목에서 소년 베르골료는 용서하시는 하느님의 무한 사랑에 대한 깨달음과 함께, 사제직에로의 강렬한 부르심을 느꼈다. 아마도 이런 충격 아니었을까?

"어, 죄인을? 세리는 죄인인데, 죄인이 제자로 불림을 받네? 그럼 나는? 나는 술집 문지기도 하고 그랬는데, 그런 내가 신학교 간다는 건 언감생심 욕심도 못 냈는데, 그럼 나도 신부 될 수 있는 거 아냐?"

죄를 지었으면 얼마나 많이 지었겠는가. 그러나 당시 순수한 마음으로는 "그럼 나 같은 죄인도 신학교 갈 수 있겠네!"라고 자신감을 회복한 것이다. 마치 그 성경 말씀이 자신을 부르는 듯 느꼈던 것.

다시 교황의 현재 고백으로 돌아와 보자.

"나는 죄인입니다."

결과론적인 얘기지만 바로 그가 이 고백을 했기 때문에 사도 베드로의 후예가 된 것이 아닐까. 성경에서 "주님, 저에게서 떠나 주십시오. 저는 죄 많은 사람입니다"(루카 5,8)라는 말로 베드로가 예수님을 사로잡았듯이, 교황의 이 고백이 하느님을 매료시켰을 것임은 어렵지 않게 유추된다.

순수 앞에 서게 될 때, 누구든지 자신의 죄스러움을 인식한다. 누구나, 절대 앞에 설 때, 자신의 턱없이 짧음을 본다. 프란치스코 교황이 "나는 죄인입니다"를 입버릇처럼 말할 수 있는 것은 그가 얼마나 하느님과 가까이 사는지를 얘기해 주는 대목이다.

이 고백은 또한 영의 식별과도 연관된다. 성 이냐시오에 의하면, 스스로 죄인이라고 고백하면서 절망에 빠지는 것은 악령의 속

삭임에 넘어간 케이스다. 어떤 이들은 이 대목에서 유혹에 확 걸려든다. 바로 이렇게.

"내가 죄인인데 어떻게 성당에 가? 못 가!"

이에 반해 죄인이라고 고백하면서도 그 마음 안에 희망을 갖게 하는 분이 성령이시다. 희망의 성령께서는 전혀 다른 생각을 심어 주신다.

"나는 죄인이니까 성당에 가서 은혜 입고 또 새롭게 시작해야지. 성사도 보고!"

이런 죄의식은 궁극적으로 우리에게 큰 도움이 된다. 영적 성장의 밑거름이 되어주니까.

문제는 현대 신앙인들이 고해성사 보기를 귀찮게 또는 부담스럽게 여긴다는 사실이다. 이 점이 교황에게는 안타까운 일이었다. 그러기에 교황은 그 열쇠를 쥐고 있는 사제들에게 권면한다.

> "나는 고해소가 고문실이 아니라 주님의 자비를 만나는 장소가 되어야 한다는 것을 사제들에게 일깨우고 싶습니다."[2]

교황은 이것으로 성에 차지 않았다. 신자들에게도 고해성사가 결코 남부끄러운 일이 아님을 깨우쳐주고 싶었다. 이윽고 교황은 2014년 사순시기 '하느님을 위한 24시간 용서의 날' 전례에서 공개적으로 한 평범한 사제에게 고해성사를 보았다. 이로써 교황은 만천하에 우렁차게 선언한 셈이다.

"나도 죄인입니다. 그래서 이렇게 고해성사를 봅니다. 여러분도 동참해 보세요. 참 홀가분해져요."

이 고백의 은혜는 실로 크다. 여기 교황과 비슷한 자기폭로를 할 줄 알았던 또 한 사람이 있다. 바로 김수환 추기경이다. 김 추기경이 일본 유학 시절 2년 선배였던 노철학자 김형석 전 연세대 교수와 만난 자리에서, 그가 깍듯이 인사를 해오자 "편하게 말씀 하세요. 저는 추기경이기 전에 죄인일 뿐인 사람입니다"라고 대답 했던 것은 유명한 일화다.

누구든지 하느님 앞에 이 고백을 할 때 어떤 일이 일어날지 모른다. 이 말을 하는 이는 자기가 어디에 있든 항상 신 앞에 있음을 인식하는 사람이다. 제6의 감각을 가지고 있다고나 할까. 왜냐하면 이 고백은 신 앞에서만, 신의 존재를 느끼는 이들만이 하게 될 수 있는 것이니까.

다시 프란치스코 교황에게로 글머리를 돌려보거니와, 그는 하느님 자비의 체험자이며, 증거자이며, 홍보맨이다. 교황은 애정과 확신으로 우리 마음을 노크한다.

"우리가 예수님께 한 걸음 나아갈 때마다, 우리는 그분께서 두 팔을 활짝 벌리고 언제나 그곳에서 우리를 기다리고 계심을 깨닫게 됩니다. 지금이 바로 예수님께 이렇게 말씀드릴 때입니다.

"주님, 제가 잘못 생각해 왔습니다. 저는 수없이 주님의 사랑에서 도망쳤습니다. 그러나 이제 여기서 주님과 계약을 새롭게 맺고자 합니다. 저는 주님이 필요합니다. 주님, 저를 다시 구원하여 주소서. 구원하시는 주님의 품 안에 다시 한 번 저를 받아 주소서.""[3]

바통은 우리에게 넘겨졌다.

나도 심판할 권한이 없다

교황 선출 다음 주일 날, 정확히는 3월 17일, 성녀 안나 성당에서 교황이 언급한 강론 중심 주제는 '자비'였다.

> "나에게는, 겸손하게 말하건대, 주님의 가장 힘 있는 메시지는 자비입니다."

교황은 예수님이 죄인들을 위로하시는 복음서 대목을 언급하면서 이렇게 말했다.

> "예수님께서는 잊으십니다. 그분은 잊으시는 특별한 능력이 있습니다. 그분은 용서하시고, 입맞춤해 주시고, 안아주시면서, 다만 "나도 너희를 단죄하지 않노라. 가라, 그리고 지금부터 더 이상 죄짓지 말라"라고 말씀하실 뿐입니다."

그 이후도 프란치스코 교황은 단죄에 대해 자제시키는 발언을 기회 있을 때마다 하고 있다. 그러면서 교황은 특별히 다음과 같은 표현을 쓴다.

> "하느님께서는 우리를 용서하시는 데에 결코 지치지 않으십니다. 오히려 우리가 그분의 자비를 청하는 데에 지쳐버립니다."[4]

이 말은 애가서 한 대목을 연상시킨다. 거기에는 "주님의 자애는 다함이 없고 그분의 자비는 끝이 없어"(애가 3,22)라는 표현이 있다. 이는 무슨 의미인가. 바로 우리의 삶은 궁극적으로 하느님과의 한평생 러브스토리인데, 변심을 부리고 배반하는 쪽이 매번 우리라는 것이다. 좋다고 그랬다가 싫다고 그랬다가, 계속 변덕을 부리고 그분의 사랑지대를 들락날락 거리던 우리! 반면, 주님께서 변덕을 부리신 적은 한 번도 없다. 주님은 영원히 지치지 않으시는 분이다.

CNN의 바티칸 분석가 존 앨런은 '무한히 용서하시는 하느님의 자비'가 프란치스코 교황의 향후 재임활동 전반을 아우르는 고유 캐치프레이즈가 될 것을 시작부터 예단했다.

교황은 이 자비의 눈으로 당신에게 다가오는 모든 이들을 바라본다.

상징적인 예로 "동성애자들을 어떻게 생각하느냐"에 대한 천편
일률적인 물음에 교회는 차갑게 답변할 수밖에 없었다. 어느 누구
도 용기 있게 이들을 품어주는 말을 못했다. 하지만 그는 이렇게
답한다.

> "말씀해 보십시오. 하느님이 동성애자 한 사람을 바라볼
> 때, 애정 어린 존재로 바라보시겠습니까, 아니면 단죄의
> 눈으로 바라보시겠습니까? 대상이 항상 인간이라는 점을
> 생각해야 합니다."[5]

이들 외에도 성당 밖에서 서성이는 이들은 많다. 그들은 성당에
오고 싶어 언저리에 머물다가도 스스로 '죄인'이라는 생각에 다가
오지 못하는 것이 다반사다. 교회법의 장벽 때문이다. 하지만 프
란치스코 교황은 '동성애자' 이름을 빌려 그들에게 이렇게 말하려
했던 것이 아닐까.

"법은 법이고, 법까지 내가 바꿀 수는 없지만, 여기서 탈락한 이
들도 자비의 눈으로 바라봐야 합니다. 예수님은 그들을 어떻게 바
라보겠습니까. 분명 사랑스러운 눈으로 바라보시겠죠. 용서하는
마음으로 바라보시겠죠. 그러니 어떤 동성애자가 주님을 찾고 선
한 마음을 지니고 있다면 내가 뭐라고 그를 심판할 수 있겠습니

까? 나는 심판할 권한이 없는 사람입니다."

우리 주위에 '죄인'의 꼬리표가 붙여진 채, 기죽어 사는 사람들이 얼마나 많은가. 그럼에도 우리는 심판하고 단죄하는 데에만 익숙하다. 교황은 이 사실을 끔찍한 불행으로 여기고 있는 것이다.

교황의 고뇌 어린 죄인 변론을 묵상하며, 불현듯 나는 김홍섭 판사의 『무상을 넘어서』라는 책이 떠올랐다. 김홍섭은 해방 이후 판사로 활동하여 대법관을 지냈던 인물로, 사도 법관이라고까지 불리었던 성인에 가까운 법조인이었다. 그 책에서 김 판사는 이런 말을 한다.

"나는 재판을 하고 나면 내 재판에 점수를 매긴다. 오늘은 80점짜리, 오늘은 60점짜리…. 그런데 요새는 왜 그런지 명의가 한 말이 자꾸 떠오른다. 그는 진단하는 게 두렵다고 했다. 나 역시 재판에 임할 때 그런 '겁'을 느낀다."

민사재판의 경우 특히 가해자와 피해자라는 두 사람을 놓고 볼 때, 둘 다 옳을 때가 있다. 그런 재판에서는 '100점짜리' 판정이 불가능하다. 그러기에 진단을 두려워하는 명의가 생각난다는 것. '명의'라지만, 환자를 만나면 만날수록 진단하기 어려운 것이다. 왜? 이쯤 하면 진단에 이골이 났을 법한데, 지금껏 자신이 못 찾아낸 병이 너무 많다! 오진도 늘상 피할 수 없고. 그러니 명의나 김홍섭 판사나 의당 기본자세로 '겁'을 품을 수밖에.

이는 프란치스코 교황과도 맞물리는 관점이다. 그런데 실상 우리는 얼마나 겁이 없는지. 진단하는 데, 판단하는 데 얼마나 과감한지. 단칼에 시시비비를 가르기 십상이니 말이다.

프란치스코 교황은 심판하는 데 용기를 내지 말고, 자비와 용서를 베푸는 데 담대할 것을 주문한다. 2014년 3월 17일 성녀 마르타의 집에서 봉헌된 미사 강론에서 교황은 이렇게 일깨웠다.

> "죄를 판단하는 자신이 누구인지, 죄에 대해 험담을 하는 자신은 또 누구인지 알게 되면, 자신 안에서 가엾이 여기는 마음이 자라납니다. 그리하여 주님께서 말씀하신 것처럼 심판하지 않으면 심판받지 않고, 단죄하지 않으면 단죄받지 않고, 용서하면 용서를 받고, 주고 베풀면 받게 되는 이치를 알게 될 것입니다."[6]

이는 진리이며 비밀이다. 스스로를 죄인으로 바라보는 객관적 시선을 가진 사람은 결코 남을 쉽게 단죄하지 않는다는 사실! 이 귀한 진리를 우리는 앞서 조연으로 등장한 김수환 추기경의 냉철한 진술에서 확인하게 된다. "우리 모두가 '너에 대한 정의의 판단' 보다는 '나에 대한 자성과 심판'이 먼저 있어야 한다고 봅니다."[7]

끝없이 자신을 되돌아본 자만이 '한 사람'을 진정으로 품을 수 있는 가슴을 지닌다. 과거를 따지지 않고, 현재를 묻지 않고, 그냥 송두리째 존재를 포옹해 주는 연민 말이다.

자캐오처럼

2014년 3월 6일 로마 교구 사제들과의 만남 자리에서 프란치스코 교황은 강연 도중 잠시 준비한 원고를 덮어 놓고선, 매우 감동적인 이야기를 들려주었다. 아르헨티나 부에노스아이레스 대교구 보좌주교 시절 한 신부의 장례식에 얽힌 추억담이었다.

"아리스티 신부님은 고해사제로 유명했을 뿐 아니라 신자들의 사랑을 한 몸에 받았습니다. 그런 신부님의 관에 꽃을 헌화하다가 신부님의 손에 쥐어진 묵주를 보았지요. 그런데 나도 모르게 나쁜 마음이 들었습니다. 그래서 신부님 손에 있는 묵주를 가져왔지요. 그 순간 신부님의 얼굴을 보면서 나 자신도 모르게 고백을 했습니다. **"당신의 자비를 반만이라도 나에게 주십시오"** 하고 말입니다."

왜 프란치스코 교황은 아리스티 신부의 묵주가 탐났을까. 교황은 그날 이후로 그리고 교황직에 오르고 나서도, 그 묵주를 윗옷 가슴 쪽 주머니에 넣고 다닌다고 한다. 누군가에 대해 나쁜 생각이 들 때마다 묵주가 있는 주머니 쪽에 손을 대면 금세 자비의 마음이 회복된다는 것.

"당신의 자비를 반만이라도 나에게 주십시오."

교황은 아리스티 신부의 자비, 궁극적으로 하느님의 자비가 탐났던 것이다. 이것이 교황의 거룩한(?) 탐욕이었다.

이날 교황은 함께 한 사제들에게 목자 없는 양처럼 피곤에 지쳐 영혼이 피폐해진 이들의 죄를 용서해 주는 데에 온 정성을 기울일 것을 당부했다.

죄의 '용서'라는 아름다운 일이 일어나려면 용서를 청하는 용기와 용서를 베푸는 통 큰 사랑이 서로 만나야 한다. 프란치스코 교황은 이를 '자캐오' 이야기에서 발견한다. 이는 교황에게 '자비 스캔들'의 전형이다. 여기서 '스캔들'이라 함은 세상에서 쓰이는 짓궂은 용법과는 달리 충격적인 놀람거리를 가리킨다. 그만큼 자비와 용서의 백미가 담겨 있다는 말이다.

2013년 11월 3일 성 베드로 광장에서 교황이 신명나게 들려주는 자캐오 이야기를 만나보자.

| **"이번 주일 복음인 루카 복음에서는 예수님께서 예루살렘

으로 올라가시던 중, 예리코에 들르시는 장면이 그려집니다. 그런데 이 여정에서의 '잠시 머무르심'은, 예수님 삶 전체를 관통하는 하나의 사명을 드러냅니다. 곧, 이스라엘 집안의 가장 작은 이 하나까지도 구원하시려는 모습이 그려지는 것입니다.

실제로 예수님께서는 당신 주변에 많은 이들이 둘러싸고 있었지만, 예리코에 이르러 나무 위에 있던 자캐오를 찾아내십니다. (…) 이 사람은 잃었던 양 중에 하나였던 셈이죠. 공동체에서 업신여김받고 추방당한 사람으로 말입니다. 왜냐하면 그는 세리였으니까요. 더욱이 그 도시의 세관장이었습니다. 그는 로마 정복자들의 친구였고, 민족들에게 하나의 약탈자이자 재수 없는 사람이었죠. 예, 아주 그냥 상황이 은총받기에는 딱 그만입니다."

그랬다. 자캐오는 기본적으로 지탄의 대상이 될 만한 문젯거리의 사람이었다. 우선 직업이 로마정권의 앞잡이 노릇을 하는 세관장이었다.

"이런 그가 예수님 가까이 다가올 수 없었던 까닭은, 아마도 그의 나쁜 평판과 작은 키 때문이었을 겁니다. 그래서 자캐오는 나무 위로 올라갑니다. 지나가는 예수 선생님을 보기 위해서 말입니다. 이 행동은 분명 겉으로는 조금 우스꽝스러워 보입니다. 하지만 이 행동은 그의 마음 안을 보여줍니다. 곧, **군중에 가려 볼 수 없는 "예수님을 보고 싶다"는 강렬한 원의의 표현인 것입니다.** 하지만 자캐오 스스로는 자신의 행동의 이 근원적인 의미를 몰랐습니다. 왜 그렇게 하는지 모르면서도 그렇게 한 것입니다."

성경에서는 인상착의 묘사를 잘 하지 않는다. 예를 들어 베드로의 수염이 덥수룩했다느니 요한이 여리게 생겼다느니 등에 대해서는 전혀 언급이 없다. 하지만 유독 자캐오만 인상착의가 섬세하게 그려진다. "키가 작았다"는 묘사는 아주 눈에 띄게 작았다는 점을 강조한다. 그만큼 자캐오가 이것을 콤플렉스로 여겼다는 얘기다.

결국, 자캐오에게는 두 가지 콤플렉스가 있었다. 직업 콤플렉스와 혈통 콤플렉스. 자캐오는 이 둘이 자신의 마음 안에 도사리고 있음도 모른 채, 오직 소문에 듣던 예수님을 한 번 보고 싶은 본능에 나무 위로 올라갔다. 멀찍이서는 사람들에 가려져서 안 보이기에.

"하지만 예수님은 그 나무 가까이에 이르시자 그의 이름을 부르십니다.

"자캐오야, 얼른 내려오너라. 오늘은 내가 네 집에 머물러야 하겠다"(루카 19,5).

헌데 이 사람, 키 작고 거절당하기 일쑤였으며 예수님과 멀리 떨어져 있던, 마치 죽은 사람처럼 취급받던 사람. 하지만 예수님은 그런 그를 부르십니다.

실상 '자캐오'라는 이름은 그 어원으로 보자면 매우 좋은 의미를 품고 있습니다. 곧, "하느님께서 기억하신다"는 뜻입니다. 참 아름답죠?!

예수님은 자캐오의 집으로 가십니다. 그러자 모든 예리코의 사람들이 비난하고 나섭니다. 이미 그전부터 구시렁거리고 있었을 거예요. 군중들은 말합니다. "좋은 사람들이 이 도시에 충분하게 많은데, 어떻게 하필이면 세리의 집에 가는 거지?" 하고 말입니다. 네, 맞습니다. 그는 잃어버린 사람이었으니까요."

사실 자캐오는 사람들 사이에서 부정 탄 사람이었다. 공동체 규정상, 같이 어울려도 안 되고, 잠을 자도 안 되고, 밥을 먹어도 안 되는 사람이었다. 그래서 아직까지 자신의 집에 오겠다고 한 사람이 한 명도 없었는데, 다른 사람도 아니고 예수님이 "오늘 너희 집에 머무르겠다"고 하시니 자캐오가 얼마나 은혜를 받았는지, 흥분하고 흥분한다. 그런 나머지 자신이 무슨 말을 하는지도 모르는 말을 해버린다. "제 재산의 반을 가난한 사람들에게 나누어주겠습니다. 그리고 혹시 제가 등쳐 먹은 게 있다면 네 곱절로 갚겠습니다." 제정신으로 하는 얘기가 아니다.

이를 전제로 교황의 강론은 신명을 더해 간다.

> "예수님은 말씀하십니다.
> "**오늘 이 집에 구원이 내렸다. 이 사람도 아브라함의 자손이기 때문이다**"(루카 19,9).
> **그날 자캐오의 집에는 기쁨과 평화와 구원이 찾아왔습니다. 예수님이 찾아오셨기 때문입니다.**
> **그 어떤 능력이나 사회적 조건, 어떤 종류의 죄나 범죄라 하더라도, 하느님의 마음속에서 우리를 지울 수는 없습니다. 우리가 그분의 자녀들이라는 점은 없어지지 않습니다.**
> 하느님은 언제나 기억하십니다! 당신의 창조물 중 그 어느 것도 결코 잊지 않으십니다. 그분은 '아버지'이시니까요. 그분은 언제나 애정 어린 눈으로 지켜보시며, 당신이 생명을 준 자녀들이 집으로 돌아오기를 바라는 기대를 버리지 않으십니다."

예수님이 보니 자캐오에게 아직도 치유 받을 부분이 있다. 바로 혈통 콤플렉스다. 자캐오는 마음속으로 굉장히 어두운 생각을 하고 있었다. "내가 유다인의 자손인가, 나는 잘려나간 이방인이나 마찬가지다." 이에 예수님께서 말씀하셨던 것. "오늘 이 집에 구원이 내렸다. 이 사람도 아브라함의 자손이기 때문이다."

여러 형태의 치유 가운데 으뜸 치유가 내면의 치유다. 우리 내면은 치유가 된 듯하면서도 과거에 상처받았던 생각이 나고, 또 나고 그런다. 그런데 자캐오는 예수님의 말씀 '두 방'으로 완전히 치유가 됐다.

이 강론은 자캐오 이야기에서 끝나지 않는다. 이어 프란치스코 교황은 말머리를 우리에게로 향한다.

"자, 봅시다. 오늘 자캐오는 나무 위로 올라갔습니다. 우스꽝스러운 짓이었죠. 하지만 그 행동으로 구원받았습니다.

여러분께 한 말씀만 드리죠. 만약 여러분이 마음속에서 뭔가를 느낀다면, 만약 여러분이 어떤 것을 행함에 있어 많은 부분 부끄러움을 느낀다면, 잠시만 머물러 보세요. 놀라거나 불안해하지 말고… 생각하세요. 그분은 결코 나를 잊지 않으시며 나에 대한 기대를 버리지 않으신다는 것을 말입니다. 그분은 여러분을 믿으십니다.

이것이 우리의 아버지 하느님과 예수님의 우리에 대한 기다림이자 기대입니다. 예수님은 자비로우십니다. 그분은 결코 용서하시는 데에 지치지 않으십니다. 잘 기억하셨으면 좋겠네요. 이런 분이 바로 예수님이십니다!

형제자매 여러분, **우리 역시 예수님으로부터 이름이 불리어지도록 합시다. 마음 깊은 속에서 그분의 목소리를 들읍시다. 그분은 "오늘은 내가 네 집에 머물러야 하겠다"라고 말씀하십니다.** 여러분들 마음 안에서 말씀하시는 거예요. "내가 너의 집에 가서 머물기를 원한다"고. 곧, 우리들의 삶 안으로 오시겠다는 뜻이죠.
우리 기쁨으로 그것을 받아들입시다. 그분은 우리를 변화시킬 수 있으십니다. 돌 같은 우리의 마음을 살 같은 마음으로 바꿀 수 있으십니다. 우리를 이기주의에서 벗어나게 해주실 것이며, 우리의 삶을 사랑의 선물로 만들어주실 것입니다. 예수님은 이런 것들을 능히 하실 수 있습니다. 우리 모두 예수님을 바라봅시다!!"

프란치스코 교황은 우리에게 이렇게 이야기한다.
"자캐오가 예수님을 만나고 싶어서 우스꽝스러운 행동을 하지 않았는가. 우리는 과연 예수님 만나고 싶어서 그런 행동을 할 만큼 열정이 있는가?"
또 이어진다.

"누구의 마음에든지 자캐오가 가지고 있던 부끄러움 내지 콤플렉스가 있다. 부끄러움 없는 사람이 어디 있는가. 아픔 없는 사람이 어디 있고. 그런 것들을 고스란히 가슴에 품은 채, 우리도 자캐오처럼 철판 깔고 예수님께 나아감이 어떨까."

사실 고해성사 보기 위해 고해소 앞에 서는 것도 조금은 겸연쩍을 때가 있다. 줄 서 있는데 아는 형제가 와서 인사하고 그러면 시쳇말로 뻘쭘한 것. 교황이 특유의 유머로 **"한 번 빨개지는 것**(to turn red)**이 수천 번 누렇게 뜨는 것**(turn yellow)**보다 낫다"**고 말한 것은 바로 이런 경우를 두고 내민 권고다.

자캐오는 우리 모두의 자화상이다. 우리 안의 자캐오도 누군가를 만나 치유받을 날을 기다리고 있다. 그 누군가가 누구일까. 확실한 것은 프란치스코 교황이 그 대리인 가운데 하나라는 사실이다.

앞에서 밝혔듯 교황은 17세 때, 몸소 하느님의 자비를 체험했다. 그 자비를 녹이고 녹여 영성화하고 깊게 하여 지금 그 눈으로 모든 이들을 바라보고 품고 있는 것이다.

그는 이 체험을 잊을 수가 없다. 그러기에 그는 훗날 자신의 주교직, 그리고 교황직 문장 모토를 라틴어 "miserando atque eligendo"(자비로이 부르시니)로 정했다. 원어 미세란도(miserando)는

'자비롭게 바라봤다', 아트꿰(atque)는 '그리고', 엘리겐도(eligendo)는 '선택하였다'는 뜻이다. 즉 "자비의 눈으로 바라보신 다음, 그분께서 그를 택하셨다"는 의미다. 이 표현은 마태오가 예수님의 제자로 부름을 받는 복음서 대목(마태 9,9 참조)을 설명하는 베다 성인의 강론에 나오는 말씀으로, 교황은 그 뜻을 더 분명하게 살리기 위하여 'miserando'를 'misericordiando'로 바꿀 것을 제안한다. 그런데, 이 'misericordiando'(미세리코르디안도: 불쌍히 여기는 마음이 일어)를 명사형으로 바꾸면 'misericordia'(미세리코르디아)가 된다. 우리말로 '불쌍히 여기는 마음' 곧 자비다.

프란치스코 교황은 하느님의 이 자비가 자신을 구원하였고, 사제로 불러주셨으며, 마침내 교황으로 세워주셨음을 누구보다도 잘 알고 있다. 그리고 거기서 끝이 아니라 이것이 모든 사람을 향한 하느님의 시선이며 의중이라는 것을 알게 되었다.

관상적 자비(이 책 9장 참조), 그로부터 발원한 역동적 사랑, 시종일관한 흐름이다.

[5]

추억으로부터의
희망 여운

할머니의 유산

프란치스코 교황에겐 할머니에 대한 추억이 각별하다. 인터뷰 과정에서 묻지 않아도 "할머니에게 이걸 배웠다"라며 불쑥불쑥 기억을 더듬기 일쑤다. 그 가운데 '죽음'에 관해 배운 지혜는 가히 압권이다.

"하느님이 너를 보고 계심을 알라. 지금도 너를 보고 계심을 알라. 언제인지 모르지만 너도 죽으리라는 것을 알라."[1]

이 구절이 적힌 종이를 할머니는 침대 옆 탁자 유리 밑에 깔아놓고선, 잠자리에 들 때마다 읽으셨단다. 교황은 이를 곁귀로 들으면서 자랐다. 모르긴 모르되 당시로선 무슨 뜻인지 몰랐을 것이 뻔하다. 아이가 뭘 알겠는가. 하느님을 알겠는가? 하느님이 계시다는 것을 알겠는가? 하지만 몰라도 각인은 된다. 그러다가 이해할 때쯤 되면 "아, 할머니가 그때 그 얘기하신 거구나" 하고 깨달아지는 것이다.

그렇다면 매일 밤 잠들기 전에 할머니가 읽었다는 저 글귀를 들으면서, 채 열 살이 안 된 아이는 도대체 무슨 생각을 했을까?

"하느님이 너를 보고 계심을 알라. 지금도 너를 보고 계심을 알라." 이 문장에 친숙해지면, 하느님은 더 이상 무서운 존재나 감시자가 되지 않는다. 외려 우리를 동행하는 보호자요 친구가 된다.

"하느님이 나와 늘 함께 계시다"는 말이 익숙해지면, 어느새 하느님 현존을 체감하는 연습에 들게 된다.

"언제인지 모르지만 너도 죽으리라는 것을 알라." 이 말이 뇌리에 각인되면, 어떤 결정이나 행동을 할 때, 길게 내다보는 습관이 은연중에 배게 된다. 스케일이 넓어지고 안목이 길어진다. 이리하여 큰일을 할 그릇이 만들어진다.

교황은 할머니가 이탈리아의 어느 묘지에서 읽었다며 들려주었던 문장도 70년의 세월을 무색케 하며 상기한다.

"지나가는 이여, 멈춰서 너의 발걸음과 걷는 속도를, 너의 마지막 걸음을 생각해 보라."[2]

유소년기의 손자는 이런 말을 들으며 무슨 생각을 했을까. 적어도 인생의 끝을 생각하며 긴 호흡으로 사는 법을 어느새 궁리하는 습관이 들지 않았을까.

그뿐인가. 손자 베르골료가 22세 되던 1958년 부에노스아이레스 대교구의 빌라 데보토 신학교에 들어가고 또 예수회의 청원자가 되자, 할머니는 이렇게 말해 주었다.

"잘했다. 하느님께서 너를 부르신다면 복 받은 것이지. 그렇지만 네가 돌아올 수 있도록 우리 집 문이 항상 열려 있다는 것을 잊지 마라. 네 생각이 바뀐다 해도 우린 너를 책망하지 않을 거야."[3]

할머니의 지혜가 보통이 아니다. 우리네는 이와 반대로 가르치는 것이 통례다. "너 다시 나오면 안 돼! 이왕 마음먹었으면 끝까지 가야 하는 거야."

하지만 할머니는 신학교 들어가는 손자에게 어떻게 말했는가. "문은 열어 뒀다. 힘들면 나와라."

이는 무슨 메시지일까? "신학교 생활, 사제 생활은 의무적으로 해서는 안 된다. 할머니 체면, 가족 체면, 네 체면 때문에 신학교에서 차마 못 나오는 일이 있어서는 안 된다. 네가 힘들면 나와도 돼."

이 얘기는 거꾸로 이렇게 주문하고 있는 셈이다. "들어갔으면 기쁘게 살아. 몰입해. 죽을 때까지 후회하지 않도록 너의 즐거움을 그 속에서 찾아. 못 찾으면 나와."

이 이야기를 들은 신학생은 이제 건성건성으로 살 수가 없다. 즐거움이 무엇인가, 낙이 무엇인가, 소명이 무엇인가에 골몰한다. 그렇게 몰입해서 공부하다 보면 차원이 달라진다. 내가 봐온 바로는 신학교에서 나가고는 싶은데 차마 부모님 뵐 면목이 없어 어쩌지 못한다는 학생들이 이따금 있다.

교황은 신학생 때 할머니의 저 말을 반추하면서 분명 자기 신원과 본령에 대해서 가닥을 잡았을 것이다. 할머니의 지혜로 기초부터 그릇이 만들어졌을 것이 자명하다. 그러기에 지금 79세 고령에도 신나게 맹활약을 하고 있지 않은가.

할머니의 지혜 교육은 거기서 그치지 않았다. 1969년 12월 13일 그가 사제품을 받던 날, 할머니는 이후 그의 영적 이정표가 될 축복의 말을 한 장의 편지글로 남겨준다.

"나는 너희들이 오랫동안 행복한 삶을 살기를 기도한다. 하지만 언젠가 병이 들거나 사랑하는 사람을 잃어 고통스런 나날들이 닥쳐 와 낙담케 되거든, 가장 흠숭하올 순교자가 모셔진 감실 앞에서 마리아의 길고 긴 한숨을 떠올려 보도록 해라. 거기 십자가 아래 마리아의 시선이 머문 곳, 형언할 수 없이 쓰라린 그 깊고 깊은 상처 위에 한 방울의 향유도 흘릴 수 없었던 성모를 기억하렴."[4]

이 친필 유훈을 교황은 성무일도 안에 넣어 오늘날까지 고이 간직하고 있다고 한다. 견딜 수 없는 고통과 생의 끝을 직면하는 슬픔에 처할 때, 감실 안 '가장 흠숭하올 순교자' 예수님 앞에 앉아, 바로 그 자리에서 먼저 그리고 지금은 그 곁에서 함께, 차마 눈물 한 방울 흘리지 못하면서 비탄을 빚어 의탁의 긴 숨을 토하는 성모의 현존을 잊지 말라! 들릴 듯 말 듯 속삭이는 할머니의 육성에 젊은 사제는 매일 성무일도를 펼칠 때마다 어떤 기도에 잠겼을까.

짐작컨대 누구보다도 고통을 잘 처리하는 영적 내공이 생겨났을 것임은 자명하다. 고통을 잘 처리할 줄 알면, 언제나 기뻐할 수 있다. 이것이 모두 할머니가 가르쳐준 영성이다. 이 정도 신앙교육이면 영적으로 큰 인물이 나올 수밖에 없다. 교황의 과거를 함께 추억하며 "하느님께서 몸소 이렇게 교황을 빚으셨구나" 하고 탄복하고 감탄할 따름이다.

관찰력이 있는 이라면, 교황의 따뜻한 미소 뒤에서 레이저 빛 지성이 번득이고 있음을 본다. 언행이 자유롭기 위해서는 그만큼의 지혜가 필요한 것! 산적한 문제들을 풀어가는 그의 접근법은 촌철살인, 성동격서, 우문현답 등 실로 예측불허다. 한마디로 고수의 그것이다.

이뿐 아니다. 할머니는 장차 교황에게 최초로 교리를 가르쳤다. 아주 멋진 가르침이었다. 어느 사순시기 지나 성주간 성금요일 예식 때의 일이다. 교황은 그날을 생생히 기억한다.

"나는 참 은혜롭게도 단순하면서도 굳건한 믿음의 가족 안에서 태어났습니다. [⋯] 내 기억에는 매년 성금요일 저녁에 촛불 행렬을 했더랬습니다. 이 행렬이 마치는 곳에 이르면

예수님 상이 있었죠. 그때 우리는 할머니를 졸졸 따라다녔
는데, 우리 키가 너무 작아 할머니의 무릎에 못 미치니까
이렇게 말씀하셨습니다.
"잘 봐두렴! 돌아가셨지! 하지만 내일이면 부활하실 거야!"
네, 나는 그리스도인의 복음을 바로 우리 할머니를 통해
처음으로 전달받게 된 겁니다. 우리 할머니로부터 말입니
다. 참 아름다운 일 아닌가요? 첫 소식을 집에서, 가족으로
부터 들은 겁니다!"[5]

"잘 봐두렴! 돌아가셨지! 하지만 내일이면 부활하실 거야!"
할머니는 손자의 관찰력과 상상력을 건드리며 호기심을 고조시
킨다. 내일! 손자에게 그 하루는 얼마나 길었을까. 그리고 그 다음
날 할머니로부터 듣게 된 구연 부활 이야기는 얼마나 극적으로 손
자의 믿음을 흥분시켰을까.
이런 할머니라면 가히 현자로도 손색없다. 무르팍 교육, 조기신
앙 교육의 특은을 여기서 확인한다.

배운 것이 어디 지혜뿐이었으랴. 어려서부터 가정에서 익힌 작
은 습관들 역시 이후 프란치스코 교황표 유쾌한 실행의 젖줄이 되
었을 것임이 짐작되고도 남는다. 교황은 이를 시사하는 언급을 직
접 하기도 했다.

> **"덕들의 유기적인 일치는 언제나 그리고 반드시 습관 안에 (in habitu) 존재합니다."**[6]

　여기서 '언제나 그리고 반드시'가 중요하다. 무슨 덕이건 일단 몸에 배어 습관화되면 다른 덕들과 함께 조화를 이루며 필요한 순간에 '언제나 그리고 반드시' 실행으로 드러난다는 뜻이니, 결국 예외 없는 습관의 힘을 증언하는 언급이다. 특히 아이를 키우는 부모들에게는 천금 같은 지혜랄 수 있으니, 꼭 기억해 둘 일이다.

핏속을 흐르는 가르침

배우려는 자세가 된 사람은 누구에게서든 배운다. 교황은 배울 줄 아는 그릇이었다. 교황은 조상들로부터 배운 지혜에 대해서도 추억한다.

> "삶의 유산을 전하는 것은 노인이 할 수 있는 가장 중요한 일 중 하나입니다. [⋯] 나는 운 좋게도 조부모님 네 분이 모두 살아 계셨고, 내가 열여섯 살 때에서야 한 분이 돌아가셨습니다. 나는 네 분 모두에게 영향을 받았고 네 분을 모두 똑똑히 잘 기억하고 있습니다. 노인들의 지혜는 많은 도움이 되었습니다. 그분들을 존경합니다."[7]

똑같은 본을 보여줘도 삐딱한 사람은 못 배운다. 바로 공자의 가르침이다.

삐딱한 사람은 소인배다. 소인은 아무리 좋은 것을 봐도 배우지를 못하고 매번 비판적이고 헐뜯는다. 반면 대인은 무엇을 통해서도, 어떤 사람을 통해서도 배운다.

우리는 누구를 통해서도 배워야 한다. 반면교사로라도 말이다. 어떤 이는 "나는 가르쳐주는 사람이 없어서 이렇게 되었다"라고 말하는데, 사실 그 말은 잘못됐다. 알고 보면 살면서 수없이 많은 스승이 지나갔다. 이처럼 만약 배울 줄 모르는 사람의 경우라면, 교황의 저 말과 관련해서도 영 딴 얘기를 했을지도 모를 일이다.

교황은 아버지에게서 배운 삶의 지혜도 소중하게 기억한다. 아버지는 아들이 크게 될 줄 알았던 걸까.

> "아버지는 항상 이렇게 말씀하셨습니다. **"위로 올라갈 때 언제나 사람들에게 인사해라. 네가 내려갈 때 그 사람들과 마주치게 될 테니. 네 자신을 너무 높게 생각하지 마라."** 권위는 위에서 내려옵니다. 이제 이것이 어떻게 사용되는가 하는 것은 다른 문제입니다."[8]

철도 공무원이었다는 아버지의 잔소리를 아들은 존경심으로 받아들였다. 보통 주교가 되고 추기경이 되고 여러 가지 중책을 맡는 과정에서, 시기하는 사람이나 음해하는 사람도 생겼을 법한데, 이상하게 프란치스코 교황에 대해서는 좋은 말을 하는 사람이 훨씬 더 많다. 아마도 이런 겸손한 자세가 몸에 배어, 주변 사람들이 호감 어린 마음으로 그를 점점 더 높이 추대했던 것 아닐까.

물론 어머니의 교육도 아들은 잊을 수가 없다. 교황은 추기경 시절 한 인터뷰에서 유년 시절의 기억을 자상하게 들려준다.

"어머니와는 매주 토요일 오후 2시 라디오 델 에스타도의 오페라 음악 프로그램을 같이 들었어요. 우리들을 라디오 주변으로 둘러앉게 하시고, 프로그램이 시작되기 전에 오페라 줄거리를 설명해 주셨어요. 그러다가 주요 아리아가 시작될 즈음이면 우리에게 "이제 멋진 노래를 부를 거야. 잘 들어봐"라고 말씀하셨죠. 5형제 중 위의 3형제가 어머니와 함께 예술을 음미하던 매주 토요일 오후 2시는 정말 아름다운 시간이었습니다. 어떤 때는 한두 명이 집중하지 못하고 딴짓을 하는 경우도 있었지만 어머니께서는 오페라가 진행되는 동안 계속 설명을 해주시면서 우리의 관심을 돌려놓으셨죠."[9]

일반적으로 우리네 부모는 아이가 싫다는데도 악기연주 교육부터 시키기 십상이다. 음악을 감상하며 즐기는 것은 뒷전이다. 그러면서 "너 레슨 받았니?" 하고 다그친다.

하지만 교황의 어머니는 소양교육을 먼저 했다. 즐기는 법, 감상하는 법을 먼저 가르친 것이다. 이런 가정에서 신앙이 형성되었기에 교황의 심성이 그처럼 반듯하고 풍부하게 성장한 것 아닐까.

교황은 당신의 오늘이 바로 이들 조상들의 교육 덕에 있었음을 잘 안다. 현재 문제투성이인 바티칸 개혁을 주도하면서 유감없이 발휘하고 있는 스스로의 위기관리 지혜가 일차적으로 집안 어른들로부터 대물림된 것이라는 사실을 누구보다도 잘 알고 있던 교황은 그 축복을 모든 이들과 함께 공유하고자 한다. 그래서 권한다.

> "여러분들은 어르신들 말씀을 듣나요? 여러분들은 어르신들의 기억을 받아들이기 위해 마음을 열고 있나요? 〔…〕 어르신들은 가족들의 지혜입니다, 우리들의 지혜시죠. **어르신들에게 귀 기울이지 않는 집단은 죽고 맙니다.** 어르신들에게 귀를 기울이세요."[10]

어찌 들으면 젊은이들이 제일 싫어할 법한 얘기다. 흔히 말하는 '꼰대'(?)스런 이야기니까.

"여러분들은 어르신들의 말씀을 듣나요?"

이러면 보통 젊은이들은 고개부터 돌린다.

"또 고리타분한 얘기군!"

그런데 교황은 이렇게 더 묻는다.

"어르신들의 기억을 받아들이기 위해 마음을 열고 있나요?"

어르신들의 기억은 그들의 조상으로부터 대물림 받아 간직해 온 기억이다. 결국 교황의 저 말은 "조상들이 삶의 우여곡절을 통해서 값지게 깨달은 지혜, 이런 것들에 대해서 들을 준비가 되어 있나요? 듣고 있나요? 들어보세요. 좋은 것들이 많답니다"라는 의미다. 그리고 교황은 이 같은 결론을 내린다.

"이 조상들에게, 어르신들에게 귀 기울이지 않는 집단은 망합니다. 죽습니다."

살아가는 데 필요한 지혜를 꼭 자신의 시행착오로만 몸소 터득하며 살기에는 인생이 너무 짧다. 어차피 누구에게나 통하는 자기 경영 및 위기관리 지혜가 있다. 좌절을 이기고, 보람 있게 살고, 꿈을 좇고, 행복해지는 데에도, 보편적인 원리나 법칙이 있다. 이런 것들은 우리 인생 선배들이 이미 깨달아 훤히 알고 있는 경우가 다반사다. 그러니 시간을 허비하지 않기 위해서는 슬기로운 어르신들을 알아보고 그들에게 한 수 청하여 경청하며 배우는 것이 상책이다. 이 길이 차단되면, 그것은 엄청난 손실이며 파국이다. 프란치스코 교황은 이를 꿰뚫어 알고 있었다.

희망을 도둑맞지 마라: 안티비관론

교황의 경우, 들어서 배운 것은 고스란히 집적되어 지혜 자산이 되었다. 이를 밑천 삼아 프란치스코 교황은 '희망'에 대해서 이야기한다.

| "그 무엇도 여러분의 희망을 훔치지 못하게 하십시오."[11]

교황이 전하는 희망은 산전수전 다 겪은 베테랑의 희망이다. 절망의 상황으로 치자면, 교황이야말로 그 극한까지 가본 사람이다. 그가 살아온 시대는 우울 자체였다. 아르헨티나의 운명은 현대사의 비극이다. 군부독재의 잔혹, 세계 경제 5위권 국가의 몰락, 연이은 쿠데타, 빈곤의 악순환…. 그가 처했던 슬픈 현실은 이로 인해 좌절한 사람들의 회색빛 시선이었다. 처참한 가난, 개인적 삶의 파탄, 마약, 범죄, 자살의 연쇄 고리…. 바로 비관주의의 당당

한 명분이다. 이 비관주의는 아르헨티나인들에게 공허한 개념이 아니라 실체적 체험이었다. 그리고 대세였다.

그럼에도 교황은 기죽지 않고 희망을 말한다. 그는 안티비관론 자다. 최근에만 해도 그는 당장 절망의 현장으로 달려가 희망을 역설했다.

> "실상 희망을 잃지 말라고 말하는 것은 쉽습니다. 하지만 난 이렇게 말합니다. 여러분들 모두! 일자리가 있든 없든 희망을 빼앗기도록 허락하지 마시기 바랍니다!"

앞서 언급한 사르데냐 지방을 방문한 가운데 전한 프란치스코 교황의 격려다. 교황은 절망 공감을 잘한다. 절망 공감은 아픔에 대한 공감이다. 힘든 사람들의 사정을 매우 잘 아는 것이다. 교황은 로마의 시민들과 만남의 자리에서도 희망 실종의 현실을 안타까워한다.

> "우리 잠시 침묵 중에, 저 깊은 곳에서부터 슬픔을 느끼며 희망 없이 살아간다는 것에 대해 생각해 볼까요. 음주, 약물, 방탕한 유흥, 돈에 대한 숭배, 무절제한 성행위 등에서 행복을 찾으려는 사람들이 있습니다.
> 하지만 그들이 또다시 발견하게 되는 건, 더 강렬한 탐닉

뿐입니다. 정말 많은 이들이 오늘날 슬픔 중에 있습니다. 희망 없는 슬픔 속에 말이죠."[12]

절망의 현장에서 희망을 말하기란 여간 고역이 아닐 것이다. 『희망의 귀환』이라는 메시지를 들고 2013년 전국을 주유한 내 심정이 꼭 그랬다. 하지만, 그런 자리에서도 불퇴진의 희망논리를 찾아야 하는 것이 진정한 지도자의 사명이다.

그런데, 프란치스코 교황은 이 희망을 두 가지로 분류한다. 그 하나는 심리적인 희망이고, 다른 하나는 영성적인 희망이다. 이에 대해 교황은 말한다.

"그러나 우리의 희망은 환상도 속임수도 아닙니다. 신학적인 덕목의 하나이고 그래서 결정적으로 하느님의 선물이기에 오로지 인간적인 긍정주의로 축소할 수가 없습니다."[13]

여기서 '인간적인 긍정주의'가 바로 심리적인 희망을 가리키고, '신학적인 덕목'으로서 희망이 영성적인 희망에 해당한다. 이 구별에 대한 교황의 설명을 마저 들어보자.

"긍정주의(positivism)는 심리의 문제, 삶을 대하는 태도에 더 가깝습니다. 컵에 물이 반이나 있다고 생각하는 사람이 있는 반면, 물이 반밖에 없다고 받아들이는 이들도 있죠. **반면, 희망의 근저에는 어떤 수동성이 있습니다. 희망을 주는 분은 하느님이기 때문입니다.** 희망의 미덕은 우리 스스로 얻을 수 있는 것이 아니라 하느님이 주시는 것입니다."[14]

이로써 희망에 관해 말할 수 있는 핵심을 언급한 셈이다.

심리적인 희망은 하느님 없이도 세상 사람들이 가질 수 있는 희망이다. 인간의 순수한 긍정주의만으로도 이런 희망은 가능하다. 모든 것을 긍정함으로써 가지는 이 희망은 사기를 북돋운다. 결국 결과도 좋고, 뒤집기 반전도 일어난다. 이렇게 심리적인 희망만 가지고도 좋은 일들이 생긴다.

그런데 정말 큰 재난이 닥쳤을 때 심리적인 희망은 사실상 한계에 직면한다. 너무 큰 재난이나 고통 앞에서는 이것만 가지고는 힘들다. 그래서 교황은 영성적인 희망을 언급하는 것이다. 이 희망은 우리가 '갖는 희망'이기 이전에 '오는 희망'이다. 약속으로서 오는 희망이다.

이런 희망으로 역사에 우뚝 선 민족이 유다인이다. 희망에 관한 한 타의 추종을 불허하는 민족! 그들은 나라 없는 민족으로 전 세계에 흩어져 나그네로 산 지 어언 2,000년이 되어가지만, 전혀 주

눅 들지 않고 악조건을 버텨냈다.

그들은 '희망'을 틱바(tikvah)와 야할(yachal)이라 부른다. 나는 이를 여러 강의와 저술을 통해 언급했지만, '희망'을 얘기할 때는 이 원어가 중요하므로 다시금 짚어 보자.

틱바(tikvah)는 희망을 뜻하는 제일 기초적인 단어로, 원래 '밧줄'을 뜻했다. 이 단어가 왜 '희망'이란 단어로 바뀌었을까? 우리의 경우를 먼저 생각해 보자. 궁지에 몰렸을 때 사람들은 이렇게 말한다.

"지푸라기라도 잡는 심정으로…."

전래동화 중에는 어려움에 처해 "동아 밧줄이라도 내려주세요"라고 하늘에 기도하는 이야기도 있다. 절망한 사람에게는 흔히 이런 위로의 말을 건네기도 한다.

"희망의 끈을 놓지 마세요."

이런 것들을 보면 당시 이스라엘은 우리와 비슷한 문화적 배경을 갖고 있었던 듯하다. 그네들이나 우리나 '희망'을 상징하는 표상으로 '밧줄'을 연상하였으니 말이다. 희망은 이렇게 붙잡고 늘어지는 것이다.

다음으로 야할(yachal)은 '희망하다'를 뜻하는 동사인데 내용적으로는 몸부림치는 희망을 가리킨다. 즉 '야할'은 도저히 '희망'이라는 말이 나올 수 없는 상황에서도 뭔가를 붙잡고 우격다짐으로 희망을 주장하면서 집요하게 버티는 것을 말한다. 한마디로 '우긴다'는 뜻이다.

그렇다면 뭘 우긴다는 말인가? 세상 사람들이 내린 결론에 반대하는 것으로 우기는 것이다. "넌 끝났어" 그럴 때, "난 안 끝났어"라고 할 수 있는 것이 희망이다. 모름지기 희망의 사람이라면 적어도 우겨야 한다. 자기 주장을 우기라는 얘기가 아니라 긍정적인 결과가 나올 것이라는 기대를 우기라는 말이다.

그래서 평소 나는 "아무거나 붙잡고 희망이라고 우겨라"라고 얘기한다. 그것을 잘하는 사람이 결국 희망의 주인공이 된다.

결론적으로, 희망은 꼭 미사일이나 내비게이션이 목표에 이르는 과정과 비슷하다. 목표추적장치라 할까? 어떻게 부르건, 우리가 꿈을 품을 때, 꿈은 이처럼 우리 안의 목표추적장치를 작동시켜 결국 원하는 목표에 이르게 한다.

그런데 여기서도 또 한 걸음 더 나아간 희망이나 꿈이 있다. 나는 성경을 읽다가 "어쩌면 희망에 대해서 이렇게도 기막힌 표현을 했는가" 하고 무릎을 탁 친 적이 있다.

| "이 희망은 우리에게 영혼의 닻과 같다"(히브 6,19).

프란치스코 교황도 몸소 인용한 말씀이다. 이 말씀을 음미해 보면 정말 멋있다.

선명하고 요지부동인 희망은 닻과 같이 작동된다. 이런 희망은 그냥 길을 안내하는 내비게이션이 아니다. 내비게이션은 엉뚱한 데로 이끌 수 있다. 그렇다면 닻은 뭔가? 닻은 이미 목표지점에 고정되어 있다. 희망을 품은 사람과 이 닻 사이에는 밧줄로 이어져 있다.

닻과 밧줄은 한 몸체다. 이는 앞서 언급했듯 유다인들이 '희망'을 가리키는 단어로 본래 밧줄을 뜻하던 틱바(tikvah)를 사용했다는 지혜와 일맥상통한다.

희망이 닻이요 밧줄이라면, 이제 우리가 할 일은 무엇인가? 줄을 잡아당기기만 하면 되는 것! 하여간 방향은 모른다. 그런데 눈 감고 당겨도 우리의 최종목표인 닻이 이미 박혀 있기에 상관없다. 우리의 희망은 이런 것이다.

예수님
흉내 내기

불편을 사랑했소

여러 차례 언급했다시피 프란치스코 교황은 스스로 불편한 생활을 선택하여 살고 있다. 왜 그랬을까? 그 이유가 될 만한 교황의 언급을 우리는 어렵지 않게 발견한다.

첫째 이유는 약자들을 위한 비상한 결단이다. 교황은 이를 우리들에게도 권한다.

> "기초적인 것조차 부족한 소외된 이들을 위해 우리 식탁의 여유 공간을 남겨둡시다."[1]

풀어 말해서 우리가 누리는 편리를 다소 포기하고 그것을 소외된 이들을 위해 나누자는 권고다. 교황은 이런 적극적 나눔 자세가 특히 교회의 고위 성직자인 주교들에게 필요함을 역설한다.

"주교가 될 사람은 〔…〕 가난을 사랑하며 주님을 위한 자유로서의 내적 가난과 단순하고 겸손한 생활을 위한 외적 가난을 선택해야 합니다."[2]

여기 이 '단순하고 겸손한 생활을 위한 외적 가난'이라는 표현 속에 교황의 극단적으로 검약한 삶에 대한 해명이 내포되어 있다.

둘째 이유의 단초를 우리는 교황의 21세 때 체험에서 발견한다.

당시 청년 베르골료는 병원에서 심각한 폐렴으로 인한 폐 절제 수술을 받고 극심한 고통을 겪어야 했다. 생사의 갈림길에서 치열하게 싸워야 했던 사흘. 누구의 어떤 말도 위로가 되지 못했다. 그러던 중 그의 첫영성체를 돌봤던 돌로레스 수녀가 방문하여 해준 말이 그의 마음에 꽂혔다.

"넌 지금 예수님을 흉내 내고 있는 거야!"

이 말로 그는 순식간에 평화를 얻었다. 예수님의 십자가를 지고 있다고 생각하니 고통에 의미가 생긴 것이다. 물론 고통을 감내할 인내도 얻었다. 이 체험은 이후 그에게 어떤 어려움이 와도 견딜 수 있는 신앙의 지혜가 되었다.

고통을 감내하는 것이 예수님 흉내 내기라면, 불편을 감수하는 것 역시 예수님 본받기의 일환 아닐까. 그렇다. 프란치스코 교황의 좀 특별해 보이는 행보가 사실 예수님께는 일상사였던 것이다.

교황의 이런 행동은 어려서부터 조금씩 조금씩 훈련 받은 덕이기도 하다. 우연의 일치일까. 소년 베르골료의 아버지는 꼭 요셉을 닮았다. 요셉이 아들 예수에게 목수 일을 가르쳤던 것처럼, 그의 아버지는 자신의 아들에게 노동일을 시켰다. 겨우 13살이던 그에게 양말 공장에서 일하도록 권했던 것. 몇 년간 그곳에서 막일을 하던 그는 식품 화학을 전공하는 공업학교에 진학한 이후 제약회사에 입사하여 일을 했다. 그곳에서 그는 아침 7시부터 오후 1시까지 근무를 했고, 일을 마치기 무섭게 학교에 가서 저녁 8시까지 수업을 들어야 했다. 그 후 50년을 훌쩍 넘긴 이후에도, 교황은 그 일들이 자신을 단련시키는 데 매우 중요한 역할을 했다고 회상한다.

> "나를 일터로 보낸 아버지께 정말 감사드립니다. 인생 여정에서 나를 가장 잘 단련시켜 준 건 일이었어요."[3]

일로 단련되고 일이 몸에 밴 그였기에 교황은 지금도 몸으로 움직이는 모든 실천에 익숙하다.

아무리 좋게 치장해도 '일'은 일이다. 일은 수고를 수반하고 인내를 요한다. 일을 무서워하지 않는다는 것은 수고와 인내를 두려워하지 않는다는 것을 뜻한다. 앞에서 언급한바 고통과 불편이 그랬던 것처럼, 이들 역시 예수님께서 몸소 즐겼던 성덕의 측면들이다.

교황에게 인내는 영성의 핵심 요소다. 이 거룩한 인내를 그는 우리 주변의 이름 없는 성자들에게서 본다.

> **"나는 인내를 가지고 생활하는 하느님의 백성들 안에서 거룩한 삶을 목격합니다.** 자녀를 정성껏 양육하는 여성, 가족을 부양하기 위해 열심히 일하는 남성, 병자들, 마음의 상처를 입었으나 하느님을 섬기고 살았다는 것만으로 미소를 잃지 않는 노(老)사제, 고된 일을 하면서도 조용히 성덕을 쌓고 있는 수녀들. 내게는 이것이 평범한 성덕의 삶입니다. 나는 종종 성덕과 인내를 연관시켜 생각합니다. **인내는 삶의 사건과 상황에 대해 책임을 지며 끝까지 버티는 것뿐만 아니라 매일매일 앞으로 전진하는 항구적인 자세입니다.** 바로 이것이 이냐시오 성인이 말한 '전투 교회'가 추구해야 하는 성화입니다.
> 이것은 아버지와 어머니, 그리고 내게 무척 잘해 주셨던 할머니 로사, 바로 나의 가족들이 가르쳐준 거룩함이기도 했습니다. 나는 성무일도에 할머니의 유서를 넣어두고 자

주 그것을 읽곤 합니다. 내게 그것은 기도와도 같습니다. 할머니는 정신적으로 많은 고통을 겪으셨지만, 그럼에도 불구하고 계속적으로 용감하게 생활해 나가신 분이었습니다."[4]

여기서 교황은 인내의 두 가지 측면을 구별했다. 희망으로서 인내와 거룩함으로서 인내! 기억해 둘 가치가 있는 구분이다. 우리는 우선 무언가 이루어지기를 희망하고 기도하면서 인내한다. 또한 우리는 삶의 불편이나 고통을 기꺼이 감수하면서 영적 기쁨으로 승화시킨다.

특히 저 두 번째 통찰은 우리에게도 큰 깨우침이 된다. 일반적으로 사람들은 견딜 수 없는 고통 앞에서, "왜 하필이면 내게?" 하고 분노를 표출할 수 있다. 하지만 이는 진정한 해결책이 아니다. 교황의 저 말은 이런 고통의 상황을 분노로써 거부하려 하지 말고 받아들이라는 권고다. 기왕이면 기꺼이!

고통을 바라보는 교황의 관점은 굉장히 긍정적이다. 그러기에 교황은 개인적으로 유다교 신자였던 샤갈의 「백색의 그리스도 수난도」를 좋아한다고 고백한다. 작가가 평정심을 가지고 고통을 표현하였기에, 작품 속 그리스도는 잔인하게 그려지지 않고 오히려 희망이 엿보인다는 것! 이것이 이유였다. 이 이야기를 듣고 나는 일부러 샤갈의 저 그림을 찾아보았다. 보통 '수난도'라고 하면 슬프고 색깔도 음울하다. 그런데 샤갈은 마치 동화 속 한 장면처럼 신비스럽게 그리스도의 수난을 백색으로 도색했다. 백색은 기쁨의 표현이기도 하다. 이로써 고통이 기쁨으로 승화된 것이다. 샤갈은 자신의 관점으로 봤을 때, 그리스도께서 수난을 받지만 결국 부활하실 것이기에 "이것은 기뻐할 일이다"라고 여겼던 것 아닐까.

이것이 바로 우리의 영성이어야 한다. 지금 내가 겪고 있는 고통을 백색의 수난도처럼 시각을 달리하면 쏟아지는 은혜를 볼 수 있다.

또 하나! 교황이 불편을 사랑하는 것은 '효율성'을 포기하고 '본질'을 선택했다는 의미도 된다. 그는 자신이 어떻게 이 깨달음에 이르게 되었는지 20년 전 사건을 마치 어제 일처럼 회상한다.

부에노스아이레스 대교구 보좌주교 시절의 일이다. 그날 베르골료 보좌주교는 대주교 부재로 그의 몫까지 일을 대신해야 하느라 정신이 없었다. 오후에는 교외에 위치한 한 수도원 은퇴식에 참석하기 위해 기차를 타야 했는데 시간도 빠듯했다. 그럼에도 늘 그랬듯이 그는 몇 분만이라도 성체 앞에서 기도드리기 위해 대성당으로 들어갔다.

짧은 묵상을 하고 초읽기에 몰려 성당을 나설 때였다. 한 청년이 다가와 고해성사를 부탁했다. 그는 몇 시간 후에야 고해사제가 온다는 것을 알았지만 이렇게 말했다.

"나는 할 일이 있어요. 이제 곧 오실 신부님께 고해성사를 하세요."

그런데 밖으로 나가던 그는 자신이 몹시 부끄러워졌다. 그래서 다시 돌아가 청년에게 말했다.

"신부님이 늦으신다는군요. 내게 고해성사를 하세요."

고해성사 후 그는 청년을 성모상 앞으로 데리고 가 축복기도를 해주었다. 그러고 나서 이미 기차를 놓쳤을 것이라 생각하며 역으로 향했다. 하지만 열차는 지연되어 있었고, 그 덕에 항상 타던 기차를 이용할 수 있었다.[5]

교황은 이 일을 하느님께서 자신에게 중요한 깨달음을 주시기 위해 마련한 이벤트였다고 고백한다.

"봤지? 일은 내가 하는 거야. 너는 너를 찾아오는 네 앞의 사람에게 최선을 다해."

이 사건은 향후 교황의 삶에 지대한 영향을 끼치는 각성이 된다. 아무리 바빠도 본연의 사명이 우선이다! 어쩌면 불편에 대한 교황의 애착은 이 깨달음으로 인해 본격화되었는지도 모른다.

교황의 말씀치유

교황은 재미있는 비유를 하나 들려준다.

"아이들이 자랄 때는 무엇이든 잘 이해하지 못합니다. 그
래서 아빠나 엄마에게 늘 질문을 하지요. "아빠, 왜요? 왜
요? 왜요? …." 아이는 이해하지 못하니까요.

그런데 우리가 좀 더 눈여겨보면 아이가 굳이 자기 아빠
나 엄마의 대답을 기다리지 않는다는 것을 알 수 있습니
다. 아이가 필요로 하는 것은, 자신이 처한 불확실함 속에
서 부모가 자기를 바라봐 주는 것입니다. 아이에겐 아빠,
엄마의 눈길이 필요하고 아빠, 엄마의 마음이 필요합니다.
여러분도 수많은 고통의 순간에 "왜요?"라고 묻는 걸 멈추
지 마십시오. 아이들처럼요….

그러면 당신 백성을 향한 우리 하느님 아버지의 눈길을 사

로잡게 될 것입니다. 우리에 대한 하늘 아빠의 자애로운 사랑을 이끌어낼 것입니다. 아이가 "왜요? 왜요?" 물을 때 처럼."[6]

사실, 똑같은 '왜'지만 사람마다 그 물음에 담긴 문제와 정도는 사뭇 다를 것이다. 그럼에도 교황은 자신에게 '태산'같이 높을 수 있는 문젯거리들에 대하여 끊임없이 '왜'를 물을 것을 권한다. 그 물음 자체가 절대자를 향한 대화의 시작일 수 있기 때문에. "왜요? 이건 왜 그런 거죠?"라고 질문을 자꾸 던지면 하느님께서 아빠의 시선으로, 엄마의 시선으로 우리를 내려다봐 주실 테니까. 그리하여 그것이 치유가 될 테니까.

사제로서, 주교로서, 추기경으로서, 그리고 교황으로서 베르골료는 자신에게 던져지는 숱한 '왜'에 대하여 예수님을 대신하여 해명이나 위로를 주어 왔다고 볼 수 있다. 그것이 성직자의 본분이기 때문이다. 이제 상징적으로 몇 가지 물음에 대한 교황의 답변을 공감해 보도록 하자.

어떤 이는 묻는다. "왜 나는 이토록 한심한 삶을 살고 있는가? 주님은 나 같은 죄인도 용서하실까?" 이런 식의 물음에 대하여 교황은 어느 강론에서 에둘러 답변한다.

"우리들은 말하곤 합니다. 우리가 하느님을 찾아야 한다고, 하느님께 용서를 청해야 한다고 말이죠. 하지만 **우리가 그분께로 나아갈 때, 그분은 기다리고 계셨습니다. 그분이 먼저! 주님은 항상 먼저이십니다. '먼저' 기다리고 계시는 겁니다.** 이야말로 정말 큰 은총입니다! [⋯]

이러한 체험을 이스라엘의 예언자는 **"주님은 마치 편도나무 꽃과 같다"**고 빗대어 말합니다. **봄에 제일 먼저 피는 꽃, 편도나무 꽃!** 봄에 다른 꽃들이 피게 되면, 우리는 이미 먼저 피어 기다리고 있는 그 꽃을 보게 됩니다.

이렇듯이 주님은 우리를 기다리십니다. 우리가 그분을 찾으려고만 한다면, 우리는 이를 확인하게 됩니다. 주님은 우리를 기다리십니다. 우리를 기꺼이 받아주시기 위해, 그리고 당신의 사랑을 나눠주시기 위해 말입니다.""[7]

놀라운 일이 아닌가. 우리가 먼저 주님을 찾는 것이 아니라, 주님께서 '편도나무 꽃처럼' 먼저 우리를 기다리고 계셨다고 하니. 편도나무 꽃! 성경에는 이에 대해 뭐라고 나왔을까.

"주님의 말씀이 나에게 내렸다. '예레미야야, 무엇이 보이느냐?' 내가 대답하였다. '편도나무 가지가 보입니다.' 그러자 주님께서 나에게 말씀하셨다. '잘 보았다. 사실 나는 내 말이 이루어지는지 지켜보고 있다'"(예레 1,11-12).

암울한 절망의 상황에서 예레미야 예언자가 환시를 보는 대목이다. 여기서 편도나무 가지가 보인다는 것은 봄이 오고 있다는 상징적 표현이다. 이에 주님께서 말씀하신다. "그러니 이제 내 말이 이루어질 때가 되었느니라."

주님은 이 편도나무 가지 즉 편도 꽃 같은 분이다. 이를 믿고 주님께로 나아가면, 약속이 이루어진다. 봄이 온다. 좋은 일이 일어난다. 그러기에 교황은 우리를 이렇게 초대하는 것이다.

"실의에 빠졌을 때, 한심한 자신을 발견할 때 편도나무 꽃인 하느님을 생각하면서 하느님께 다가와라, 주저하지 마라."

또 어떤 이는 묻는다. "왜 나는 이토록 의지가 약하단 말인가? 왜 나는 마음먹은 대로 되지 않는가? 왜 유혹에 넘어가 죄를 짓고 늘 두려움에 떠는가?" 이런 물음에 대하여 교황은 앞의 강론에 이어 실효적인 답을 제시한다.

"더불어 여러분은 신앙의 나약함에 대해 말했습니다. 어떻게 하면 그것을 이겨낼 수 있는지에 대해 말이죠. 원수가 우리들의 약함보다 큽니다. 흥미롭죠? 그래서 여러분은 두려운 거구요. 하지만 여러분 두려워하지 마세요! **우리는 약합니다. 네, 우리도 알고 있어요. 그러나 그분이 강하십니다. 그분과 함께 가면, 문제될 것이 없는 거죠!**

약하기로 치자면 아이들이 제일 약합니다. 하지만 그 아이들이 아빠와 엄마와 함께 있으면 안전합니다. 이처럼 우리도 주님과 함께 있으면 든든합니다.

신앙은 그분과 함께 있을 때 비로소 생기는 겁니다. 주님의 손이 분명히 우리들을 보다 강하게 만들어줄 겁니다.

하지만 만약 우리가 우리 혼자 일어설 수 있다고 생각한다면, 베드로에게 어떤 일이 일어났었는지를 생각하세요. 그는 주님을 결코 떠나지 않겠다고 다짐했지만, 3번이나 모른다고 했습니다. **따라서 우리는 강한 믿음을 가지고 있다 여겨질 때, 실상은 그보다 더 약하다고 생각합시다. 우리는 언제나 주님과 함께 해야 합니다."**[8]

교황의 격려는 사도 바오로의 고백과 똑같다.

"주님께서는, '너는 내 은총을 넉넉히 받았다. 나의 힘은 약한 데에서 완전히 드러난다.' 하고 말씀하셨습니다. 그렇기 때문에 나는 그리스도의 힘이 나에게 머무를 수 있도록 더없이 기쁘게 나의 약점을 자랑하렵니다. [⋯] 내가 약할 때에 오히려 강하기 때문입니다"(2코린 12,9-10).

이스라엘은 어떻게 강해졌는가? 주님은 말씀하신다.

"주님께서 너희에게 마음을 주시고 너희를 선택하신 것은, 너희가 어느 민족보다 수가 많아서가 아니다. 사실 너희는 모든 민족들 가운데에서 수가 가장 적다"(신명 7,7).

이처럼 하느님은 항상 거꾸로 쓰신다. 약한 민족 안에서 강함을 드러내신다. 나아가 약한 자 안에서 당신의 강함을 드러내신다. 교황은 이 메시지를 사도 베드로의 비유로 전한다. 성경에서 베드로가 예수님을 세 번 배반하기 전의 상황을 확인하면, 그 원리가 깔려 있음을 본다. 베드로는 예수님을 배반하기 전에 큰소리쳤다. "모두 스승님에게서 떨어져 나갈지라도, 저는 결코 떨어져 나가지 않을 것입니다"(마태 26,33). 이렇게 스스로를 강한 자로 인식한 순간 베드로는 예수님을 배반하고 말았다. 그러고서 베드로는 깨달았다. "강한 자로 있을 때 하느님은 나를 떠나시고 결국은 실패할 수밖에 없다!" 그 다음부터 베드로의 입에서는 "예수님의 이름으로 명한다"라는 말이 따라다녔다. 자신의 이름 없이 하느님의 이름을 불러 베드로는 진정 강한 자가 된 것이다.

또 어떤 이는 묻는다. "왜 하필이면 내가 이런 장애를 겪어야 하는가?" 이런 식의 물음에 교황은 2013년 10월 4일 아시시의 장애인 재활시설을 방문하여 행한 강론에서 큰 위로가 되는 답을 준다.

> "주님의 상처가 여러분에게 있는 것입니다. 주님께선 당신에게 그런 상처와 고통이 있기에 부활하고 하늘로 올라갈

수 있다는 것을 아셨습니다. 하늘에 계신 주님께선 여러분께 상처를 보여주며 "내가 너희를 기다리고 있다"고 말씀하십니다."[9]

풀어 말하면 이런 말이다. "여러분의 그 장애는 그리스도의 상처다. 그리스도께서는 당신의 못 자국을 가지고 하느님 앞에 나갔기 때문에 부활하실 수 있었다. 그러니까 그리스도의 부활을 가져다준 것은 십자가다. 이처럼 여러분에게 지금 함께 하고 있는 그 십자가가 여러분을 부활시켜 줄 것이다. 여러분은 부활의 0순위다. 지금은 세상에서 꼴찌일지 모르지만 저 세상에서는 첫째다."

마음이 전달된 모양인지 함께 했던 모든 이들이 눈물범벅이었다는 후문이다. 여기서 한 걸음 더 나아가 교황은 역설적인 축복을 선언한다.

"사람이 되신 하느님의 아드님께서는 질병과 고통을 몸소 짊어지심으로써, 질병과 고통이 더 이상 최종 선고가 아니라 풍요로운 새 삶이라는 새로운 의미를 갖게 해주셨습니다."[10]

예수님께서는 실로 우리의 질병과 고통을 몸소 짊어지셨다. 그럼으로써 이것들이 더 이상 불행이 아니라 새로운 풍요의 계기가 될 수 있다는 가능성을 열어주셨다.

교황이 예수님으로부터 빌려서 적용하는 치유 코드는 이토록 맞춤식이다. 나아가 교황은 기댈 곳이 필요한 이에게 더욱 현실적인 대안을 열어준다.

"나는 언젠가 굉장히 감명 깊은 이야기를 읽은 적이 있습니다. 바로 하느님 백성이 어떻게 주교들과 사제들로 하여금 좋은 사목자가 되도록 도울 수 있는지에 대해 말입니다. 초기 교회 교부였던 아를의 성 체사리오는 자신의 글 속에서 다음과 같은 비유를 들려줍니다.

배고픈 송아지가 젖을 얻기 위해 어미 젖소에게 다가갈 때, 젖소는 피합니다. 마치 자신을 위해 비축하려는 듯이 말입니다.
그럼 송아지는 어떻게 할까요? **송아지는 코로 어미 소의 젖에 들이댑니다. 우유를 달라는 거죠! 참 아름다운 장면 아닌가요?!** 이에 성인은 말씀하시죠.
"여러분도 사목자들에게 이렇게 해야만 합니다!"
언제든 그들의 문을, 그들의 마음을 두드리세요! 교회의 가르침, 은총, 인도의 젖을 달라고 말입니다! 다시금 여러분께 부탁드립니다. **사목자들을 귀찮게 하세요! 우리 모든 사목자들에게 끈질기게 조르시기 바랍니다!** 우리들이 여러분에게 교회의 가르침, 은총, 안내의 젖을 주도록 말입니다. 〔…〕 어미 소에게 끈질기게 청해서 결국 먹을 것을 얻어낸 이 송아지의 멋진 예를 기억하시기 바랍니다."[11]

송아지가 어미젖을 먹는 장면을 유심히 본 사람이라면 누구든 공감할 말이다. '젖을 달라고 조르는 송아지'처럼 사목자들을 귀찮게 하고 끈질기게 조르라! 오로지 송아지들이 걱정인 교황표 사랑이다.

혹여 용기가 나지 않거든 지상의 보스가 친히 건네는 이 처방전을 우리들의 본당 사제들에게 펼쳐 보이며 이렇게 얘기해 봄이 어떨까.

"교황님이 가서 조르라고 하던데요!"

외로움의 반전

프란치스코 교황의 12살 어린 누이동생 마리아 엘레나 베르골료는 오빠가 세계 12억 가톨릭 신자들의 수장이 되었다는 소식에 자랑스러움을 감추지 못하면서 먼저 오빠 걱정을 해주었다.

"이젠 그가 교황으로서 '무한 고독'의 삶에 직면하게 되었다."

가장 먼저 오빠의 '무한 고독'을 떠올린 사실이 재미있다. 마음이 통했던 것일까. 교황이 선출 직후 직면한 것은 공황적인 고독이었다. 당시를 교황은 이렇게 회상한다.

"교황이라는 직책은 믿음과 큰 관계가 없는 것이어서 이를 수락하기에 앞서 잠시 옆방의 발코니로 가 광장을 내려다보며 고민했다. 갑자기 머리가 공허해지고 두려움이 밀려와 교황직을 거부하겠다는 생각도 들어 눈을 감았는데 홀연 큰 빛에 둘러싸여 한동안 있다가 이를 수락하기로 했

| **다. 그 순간이 잠시였겠지만 나에게는 긴 시간이었다.**"[12]

고독은 교황이 중대한 결정을 내릴 때 들어가는 방이다. 교황직 수락 역시 그 방에서 순간적으로 이루어졌다. 빛으로 오신 임마누엘 예수님의 임재체험으로 용기를 얻어, 그는 교황직의 유혹을 미리 저울질해 본 후 결단을 내렸다.

교황은 고독의 시간이 왜 자신에게 필요한지 그 까닭을 경험에 비추어 털어놓는다.

| **"나 또한 모든 해답을 가지고 있지 않을 뿐더러 모든 질문을 머리에 담고 있지도 않습니다.** 〔…〕 고백하자면 내 성격 때문인지 일반적으로 제일 먼저 머리에 떠오르는 답변은 오답들입니다. 그렇기 때문에 어떤 상황이 닥쳤을 때 제일 먼저 머리에 떠오르는 것은 실행에 옮겨서는 안 되는 생각입니다. 이상한 일이지만 내 경우는 그렇습니다. 이런 일이 지속되다 보니 첫 반응에 대한 불신을 갖게 되었습니다. **더 침착하게, 혼자 고독의 시간을 보낸 후에야 어떤 일을 해야 하는지 알게 됩니다.**
| **그 누구도 결정의 시간까지 홀로 겪어야 하는 고독으로부터 자유로울 수 없습니다.** 조언을 청할 수는 있겠지만 결국 스스로 결정을 내려야 하고 그 결정으로 인해 많은 피

해를 야기할 수도 있습니다. 또 매우 부당한 결정을 내릴 수도 있습니다. **바로 그렇기 때문에 하느님의 가호에 맡기는 것이 중요합니다.**"[13]

교황이 말하고자 한 핵심은 이렇다. "난들 지혜가 있는 줄 아세요. 나도 그때그때 생각나는 대로 행동하다 보니 시행착오가 너무 많아요. 그래서 이제는 중요한 결단을 내려야 할 때, 중요한 사안과 문제가 있을 때, 나는 시간을 두고 고독의 시간 안으로 가지고 들어가 거기서 주님하고 의논해서 결정합니다."

생의 중요한 순간마다 우리도 고독의 방으로 들어가 보자. 그 안에서 직접 주님을 만나 의견을 묻고 대화해 보자. 길이 보이고 용기가 샘솟을 것이다.

고독이란 주제에 대해 말할 때, 교황은 떠밀려서 상황적으로 '외로움'에 직면한 이들도 떠올린다. 주어진 외로움, 어쩔 수 없이 당하는 외톨이 인생. 교황은 그들에 대해 우선적 연민을 표한다.

그러면서 교황은 외로움와 당사자들에게도 권한다. 누군가 외로움으로 쓸쓸하다면 그것을 신 앞에 단독자로 서 있는 영적 고독의 기회로 삼으라! 적막의 늪이 너무 슬프다면 그것을 신을 만나는 만남의 마당으로 삼으라! 이를 권하는 교황의 논리는 대단히 영성적이다.

> "기본적으로 모든 사람들에게 말하고 싶은 것은 자기 자신의 내면을 들여다보라는 것입니다. […] 나는 현재를 살아가는 사람들에게 하느님과 만나는 경험을 하기 위해서는 자신의 깊은 내면으로 들어가라고 말해 줍니다. 그래서 나는 **욥이 고난의 시간을 맞아 결국 모든 것을 잃고 나서 하느님께 고백한 내용을 아주 좋아합니다.** "당신에 대해 귀로만 들어 왔던 이 몸, 이제는 제 눈이 당신을 뵈었습니다"(욥 42,5). 나는 사람들에게 귀로만 하느님을 듣지 말라고 말합니다. 살아 계신 하느님은 우리 마음의 눈으로 볼 수 있는 분이십니다."[14]

고독을 능동적으로 받아들이게 되면 하느님을 만난다. 욥은 고통을 겪으면서 긴긴 밤을 꼬박 새우며 치른 고독의 시간이 있었기 때문에, 저렇게 얘기할 수 있는 것이다. "당신에 대해 귀로만 들어 왔던 이 몸, 이제는 제 눈이 당신을 뵈었습니다." 오로지 고요 속에서 영그는 귀한 깨달음이다.

외로움이건 고독이건 시간과의 싸움이다. 교황은 그 지루함을 어떻게 보낼 수 있는지에 대해, 자주 포도주의 예를 든다. 똑같은 재료에 똑같은 시간을 주었는데, 숙성 과정에 따라서 어떤 것은 '잘 익은 포도주'가 되고 어떤 것은 산패하여 '신맛 나는 포도주'가 된다는 얘기다. 차이는 바로 시간의 질적 관리에서 생겨난다는 것! 그러기에 우리에게 주어진 이 시간을 그냥 내버려둘 수는 없는 노릇이다.

우리들은 언제나 시간 속에서 성숙한다. 이를테면 이런 식으로.

> "젊을 때는 누구나 세상을 바꿀 수 있다고 믿습니다. 그리고 그건 잘못된 것이 아닙니다. 젊은이들은 그렇게 생각해야 합니다. 그렇지만 그 후 자신과 타인의 인생에서 인내의 논리를 발견하게 됩니다. **인내를 이룬다는 것은 시간이 필요하다는 것을 인정하고 다른 사람들도 그들의 인생을 전개해 나갈 수 있도록 허용한다는 뜻입니다.**"[15]

그러므로 인생의 어느 지점에서 자신에게든 타인에게든 소정의 시간을 줄 필요가 있다. 잘 익은 포도주의 그윽한 향과 깊은 맛을 낼 나 자신을 기대하며.

[7]

무릎으로 오는
축복

날 위해 한 번만

언제부터였는지는 모르나 가톨릭교회에서는 '첫 축복'을 매우 귀하게 여긴다. 사제 서품과 주교 서임 예식에 신자들이 많이 모이는 까닭은 축하의 뜻과 함께 첫 축복의 '효험'에 대한 은근한 믿음 때문이기도 할 것이다. 그럴진대 하물며 교황의 '첫 축복'에 얼마나 더 극진한 기대가 쏠리겠는가.

2013년 3월 13일 교황 선출을 알리는 연기가 바티칸 굴뚝으로 피어오르고, 곧이어 공식창구를 통하여 "하베무스 파팜"(Habemus Papam), 곧 "우리에게는 교황이 있습니다"가 선언되자, 성 베드로 광장에는 순식간에 10만여 인파가 몰려들어 그 역사적인 '첫 강복'을 기다리고 있었다. 발코니에 나타난 교황 프란치스코는 고대하던 강복 대신에 외려 기도를 청하는 부탁으로 말문을 열었다.

| "내가 여러분에게 축복 기도를 하기 전에 먼저 부탁을 드

리고 싶습니다. 여러분들이 먼저 주님께 여러분의 주교를
위해 기도해 주시기를 청합니다."

그러자 광장에 모인 신자들은 머리를 조아린 '신삥' 교황을 향하
여 간절한 축복의 기도를 바쳤다.

교황의 기도 요청은 그저 인사치레가 아니었다. 그의 기도 청원
은 진지했다.

"우리는 항상 기도해야 합니다. 나를 위해서, 서로를 위해
서, 그리고 전 세계를 위해서. 그러면 박애정신이 이전보
다 눈부실 만큼 널리 이 세상에 실현될 것입니다."[1]

이로써 교황은 자신이 기도의 사람임을 드러냈다. 교황은 그 속
사정을 이렇게 밝혔다.

**"사제였을 때는 이런 말을 자주 하지는 않았는데, 주교가
되고 나서부터는 신자들에게 늘 기도를 부탁했습니다. 사
목을 하면서 많은 한계를 느꼈고, 나 또한 죄인으로 많은
문제가 있는 사람이라는 것을 깨달았기에 신자들에게 도
움을 청하는 것입니다.** 신자들의 도움 없이는 사목할 수
없다는 것을 알기 때문입니다."[2]

주교 시절부터 기도를 더 자주 청한 사실은 그와 병원 원목 사목을 함께 하던 문한림 현 아르헨티나 산마르틴 교구 보좌주교의 증언을 통해서도 확인된다. 문 주교는 평소에 프란치스코 교황이 **"나를 위해 늘 기도해 달라"** 하신 말씀이 유독 가슴에 남는다고 했다.[3]

교황은 과거에도 "기도해 달라"는 말을 입에 달고 다녔던 것이다. 그런데 이 말은 어디서 나왔을까? 모든 사제가 성경을 읽지만 특히 교황의 영성은 성경에 바탕을 두고 있다. 기도 동냥의 원조는 사도 바오로다. 신자들을 만나거나 헤어질 때, 그의 인사말이 "날 위해 기도해 달라"이다시피 했던 것은 성경의 서간문들이 입증해 준다.

이참에 나도 독자들께 부탁을 드린다. "저를 위해 기도해 주세요."

그런데, 이 기도 부탁을 뒤집으면, "나도 당신들을 위해 기도하겠습니다"라는 약속이 된다. 이는 교황에게 군이 언급할 필요조차 없는 기본이다.

> "바오로 성인의 기도가 어떠하였는지를 알아보고자 잠시 성인의 내면을 살펴봅시다. 그의 기도는 사람들로 가득했

습니다. "기도할 때마다 늘 여러분 모두를 위하여 (…) 기도
드립니다. (…) 여러분이 내 마음속에 자리 잡고 있기 때문
입니다"(필리 1,4.7)."**4**

사람들로 가득한 기도! 바오로 성인의 이 기도는 그대로 교황
프란치스코의 기도가 되었다. 이 글도 그의 기도 덕에 쓰고 있는
지 모를 일이다.

나도 기도할 때 좋아요

기도 받기를 좋아하는 프란치스코 교황 자신은 평소 어떤 기도를 좋아할까. 그 단초가 되는 발언을 2014년 1월 28일 성녀 마르타의 집에서 주례한 아침 미사 강론에서 발견한다.[5]

> "좋아하는 스포츠 팀을 위해 응원할 수 있다면, 하느님도 찬양할 수 있습니다. 응원하는 팀이 골을 넣으면 환호성을 지르면서, 왜 주님을 찬양하는 노래는 부르지 못합니까."

프란치스코 교황은 발가벗고 춤을 춘 다윗을 비난한 뒤 죽는 날까지 아이를 갖지 못한 사울의 딸 미칼의 이야기(2사무 6,16.20-23 참조)를 언급하면서 이렇게 지적했다.

> "마음속 깊은 곳에서 우러나와 주님을 찬양하는 사람을 수

| 치스럽게 여기는 사람이 많다는 사실이 놀랍습니다."

성령이 충동하면 어떤 격식에도 매이지 않는 기도를 바칠 수 있다는 교황의 마음가짐이 드러나는 언급이다. 기쁨이 북받치면 춤을 추며 찬양의 환호성을 지르는 교황의 모습이 연상되기도 한다.

그건 그렇다 치고, 교황의 평소 기도일과는 어떻게 짜여 있을까. 그가 예수회 수사 신부로 산미겔 철학신학대학 학장으로 재임하고 있던 시절, 신학교 인근에서 수련생활을 했던 현 일본 나가사키 26성인기념관 관장 렌조 데 루카 신부는 이렇게 증언한다. **"그는 아무도 없는 성당에서 기도하곤 했다. 그가 성당에서 기도하고 있으면 그의 기도하는 모습을 보고 학생들이 성당에 들어와 기도했다."**[6]

이처럼 프란치스코 교황은 앞서 기도하는 사람이었다. 무엇보다도 그에게는 예수회원으로서 바쳐야 할 기도가 있다. 최소한 2번의 30일 영신수련 피정, 해마다 8일 피정, 매일 1시간 기도와 2번의 양심성찰 그리고 성무일도 등등.

보다 친절한 정보는 교황 자신의 입을 통해 발설되었다. 예수회 안토니오 스파다로 신부와의 인터뷰 중 "교황께서 선호하는 기도방식은 무엇입니까"라는 물음에 프란치스코 교황은 이렇게 답한다.

"매일 아침 성무일도를 바칩니다. 시편으로 기도하는 것을 좋아합니다. 그런 다음 미사를 드립니다. 묵주기도도 합니다. 그러나 내가 정말 좋아하는 기도는 저녁 성체조배입니다. 비록 다른 잡생각을 하기도 하고, 때로는 기도하면서 졸기도 하지만 말입니다. 저녁 7~8시 사이 나는 성체조배를 위해 성체 앞에서 한 시간 정도 머물곤 합니다. 그리고, 하루 중 여러 순간에도, 예를 들어 치과의사를 기다리는 동안에도, 마음속으로 묵상을 합니다."[7]

프란치스코 교황은 기도하며 때로 졸기도 한다고 고백한다. 꾸벅꾸벅은 나쁘게 보면 분심이 될 수도 있지만 좋게 보면 관상기도 차원이 될 수도 있다. 분심이건 관상이건, 다 기도의 한 가지다. 이는 아래에서 좀 더 확인해 보도록 하자.

그리고 '치과의사를 기다리는 동안', 또는 '여러 순간에도' 기도한다고 했다. 오며 가며 매순간 하느님 임재를 느끼는 현존기도라 할 수 있다. 이 현존기도를 나 역시 좋아한다. 현존기도는 쉽게 말해, 하느님께서 지금 나와 함께 계시고 나와 동행하심을 느끼면서 그분을 늘 의식하는 기도다. 어떤 생각을 하든지 하느님과 같이 생각하고 고민도 같이한다. 그때그때 부탁할 거 부탁드리고 따질거 있으면 따지고. 이렇게 해서 현존기도가 익숙해지면 기도는 일상이 된다.

교황의 기도 스케줄과 메뉴는 열심한 사제나 수도자의 그것과 크게 다르지 않다. 그렇다면 내용은 어떨까. 교황은 답한다.

"내 기도는 언제나 많은 되새김과 회상으로 이루어집니다. 주님께서 내 개인의 역사, 그리고 당신의 교회나 어느 한 본당에서 이루신 업적에 대한 회상으로 이루어집니다. 내게 있어 이 회상은 이냐시오 성인이 '영신수련' 첫 주간에 말씀하신 '십자가에 못 박히신 자비로운 그리스도와의 만남' 바로 그것입니다. "나는 예수님을 위해 무엇을 했는가? 그분을 위해 무엇을 할 것인가? 그분을 위해 무엇을 해야 하는가?" 이냐시오 성인께서 우리가 받은 은총들을 상기하도록 가르치시며, 『그분의 사랑을 얻기 위한 관상』(Contemplatio ad amorem)에서 말씀하신 회상입니다. 하지만 더불어 주님께서 나를 기억하고 계신다는 것을 무엇보다도 잘 알고 있습니다. 나는 때로 그분을 잊을 수 있으나, 그분은 절대로, 결코 나를 잊지 않으십니다. **회상은 예수 회원의 마음 깊은 곳에 근본적으로 자리잡고 있습니다. 받은 은총에 대한 회상, 신명기의 말씀처럼 하느님과 당신 백성 사이에서 계약의 근거가 되는 하느님의 업적에 관한 회상입니다. 바로 이 회상이 내가 아들이 되게 하고, 또한 아버지가 되게 합니다."**[8]

다분히 예수회스런 기도다. 거기다 성경적인 기도다. 그러기에 하느님의 업적, 은총의 업적에 대한 기억이 근간을 이룬다. 바로 그 기억에 입각하여 교황 자신의 정체성과 사명을 바라보고 그것을 감당할 도우심을 청한다.

거듭 확인하지만, 기도의 기반은 기억이다. 우리 삶 안에서 하느님께서 이루신 것들을 잘 기억할수록 우리의 기도는 점점 하느님과 친숙해지고 깊어진다. 기억이 단절된 기도는 꽝이다.

나아가 교황은 관상기도를 자유롭게 드나드는 경지에 있다. "기도란 어떤 경험이어야 한다고 생각하십니까?"라는 물음에 대한 답변에서 그의 기도가 임해 있는 차원이 드러난다.

"내 생각으로, **기도란 하느님 앞에 굴복하고 자신을 온전히 바치는 경험입니다.** [⋯] 내가 가장 큰 신앙적인 체험을 하게 될 때는 바로 성체조배실에서 기약 없이 앉아 있을 때입니다. **어떤 경우에는 하느님께서 나를 바라보고 있는 그 자리에 앉아 잠이 들 때도 있는데, 그런 경우에는 마치 내가 다른 사람의 손에 온전히 맡겨진 듯한 느낌이 듭니다.** 하느님께서 내 손을 잡아주시는 것과 같은 느낌 말입니다. 나는 하느님의 초월적 이타성에 도달해야 한다고 믿습니다. 하느님께서는 우리 모두의 하느님이시지만 항상

| 우리 개개인의 자유를 존중해 주십니다."⁹

"기도란 하느님 앞에 굴복하고 자신을 온전히 바치는 경험이다"라는 교황의 말을 이해할 수 있는 이는 기도 좀 해본 사람이다. 스스로 내 뜻을 이루려고 하고 내 계획을 관철해 보려고 하지만, 결국 주님의 뜻과 지혜가 옳다. 주님께서 기도 응답을 안 주셨을 때는 안 들어주신 게 옳고, 늦게 주셨을 때는 늦게 주신 게 옳다. 그러니 우리는 하느님 앞에 항복할 수밖에 없다. "맘대로 하세요" 하고 자신을 낮춰, "저는 가라는 대로 가고, 시키는 대로 하겠습니다"라고 복종을 고백하는 것이 상책이다.

교황은 또 기도의 차원에 대해서도 얘기한다. "기도할 때 중요한 것은 하느님이 날 바라보도록 가만히 있는 겁니다!"

이는 수동적인 관상으로 들어가는 선행조건이다. 능동적인 관상은 내가 하느님을 바라보고 십자가를 바라보면서 합치를 이루는 것을 가리킨다. 그런데, 수동적인 관상은 나는 가만히 있고 하느님께서 나를 바라보시게 함으로써 시작된다. 그러면 하느님의 은혜가 나에게 삼투된다. 교황은 바로 이것을 언급하고 있다.

아마 하느님께서 우리를 바라보시면서 이런 생각을 하시지 않을까. "요놈은 어디에 써먹을까, 어떻게 고쳐서 쓸까?"

이처럼 하느님께서 나를 바라보셔야 하느님의 계획이 세워진다. 그러니 만일 기도하는 방법을 모른다면 성당에 가서 가만히 앉아 있기만 하는 것도 좋은 방법이 될 것이다. 그러다 보면 뭔가 일어나도 일어난다. 여기서 관건이 되는 것은 물론 인내다.

> "기도란 말하는 것이고 듣는 것입니다. 깊은 침묵과 경배, 다음 순간 우리에게 어떤 일이 일어나는지 인내하고 기다리는 시간입니다."[10]

기도가 이쯤에 이르면 수동적 관상, 그리고 아버지의 뜻이 자신 안에서 절로 이루어지는 하나됨(unificatio, 신인일화)의 수준을 무색하게 한다. 간간이 "나도 기도할 때 좋아요"라는 고백에 어울리는 오아시스 지대도 있다. 무아지경, 비몽사몽이지만, 꼭 어미 품에 안긴 아기의 평화라 할까, 일체감이라 할까.

다섯 손가락 기도

프란치스코 교황의 기도는 내적 고요와 몰입에만 머물지 않는다. 홀연, 기도를 통한 나눔인 사도적 역동으로 둔갑하기도 한다.

> **"기도하는 순간에는 하느님을 경배하는 동시에 하느님과 협상을 벌일 수도 있습니다. 소돔과 고모라의 시민들에게 가해질 형벌을 두고 아브라함이 하느님과 협상한 것처럼 말입니다. 모세 역시 백성들을 위해 하느님께 간청했습니다.** 자신의 백성들에게 벌을 내리시지 않도록 하느님을 설득하려 한 것입니다. 이러한 담대한 태도에는 기도에 꼭 필요한 덕목인 겸손과 하느님을 경외하는 마음이 동반되어 있음은 말할 필요가 없겠지요."[11]

교황은 너무 고상한 기도를 이야기하지 않는다. 하느님을 바라

보고 하느님이 나를 바라보게 하면 대화 중에 협상도 이루어진다
고 말한다.

협상! 나도 이 말 참 많이 했다. "하느님하고 협상을 잘해라. 하
느님의 논리로 하느님을 설득해라." 하느님을 설득해야 내가 청하
는 것들이 잘 이루어지는 법.

앞의 저 말은 성경에 등장하는 대가들을 염두에 두고 한 언급이
다. 여기 협상기도를 잘한 대표는 누가 뭐래도 아브라함과 모세
다.

먼저 아브라함. 바로 프란치스코 교황이 즐겨 언급하는 인물이
다.

하느님께서는 타락한 도시 소돔과 고모라를 멸망시킬 계획을
아브라함에게 알려주신다. "내가 앞으로 하려는 일을 어찌 아브라
함에게 숨기랴?"(창세 18,17)

쉽게 말해 하느님께서 이렇게 말씀하시는 것이다.

"아브라함아, 내가 참다 참다 도저히 못 참겠어서 소돔과 고모
라를 멸하기로 했다. 너는 내 친구니까 너한테만 알려줄게."

이 말을 듣고 아브라함은 마음이 아팠다. 그래서 정의의 논리로
협상을 한다.

"진정 의인을 죄인과 함께 쓸어버리시렵니까? 혹시 그 성읍 안
에 의인이 쉰 명 있다면, 그래도 쓸어버리시렵니까? 그 안에 있

는 의인 쉰 명 때문에라도 그곳을 용서하지 않으시렵니까?"(창세 18,23-24)

아브라함이 내세우는 변론은 단순하다. 즉, 이 세상의 심판관이신 하느님께서는 정의로우셔야 하므로 죄인들은 그렇다 쳐도 의인들은 살려주셔야 한다는 것이다. 이렇게 시작된 그의 흥정은 여섯 차례의 대화를 통해 '의인들 열 명만 있으면'에까지 이르게 된다. 하느님께서는 "그 열 명을 보아서라도 내가 파멸시키지 않겠다"(창세 18,32)라는 말씀을 주셨지만, 안타깝게도 결국 소돔과 고모라는 멸망하고 만다(창세 19,1-29 참조). 그곳에는 열 명의 의인도 없었던 것이다!

아브라함의 중재는 이렇게 좌절되고 말았다. 하지만 그의 기도가 전혀 성과 없었던 것은 아니다.

"하느님께서 그 들판의 성읍들을 멸망시키실 때, 아브라함을 기억하셨다. 그래서 롯이 살고 있던 성읍들을 멸망시키실 때, 롯을 그 멸망의 한가운데에서 내보내 주셨다"(창세 19,29).

아브라함의 기도가 적어도 그의 조카 롯은 살려내지 않았는가.

협상을 잘한 인물 중 또 한 명이 모세다. 모세는 두 번이나 협상을 해서 결과를 얻어냈다.

첫 번째 협상은 모세가 십계명을 받으러 시나이 산에 올라간 사이 이스라엘 백성이 금붙이로 금송아지를 만들어 그것을 이집트에서 자신들을 인도해 낸 하느님이라고 선포했을 때다. 이들의 우상숭배에 하느님은 진노하셨다. "다 쓸어버리리라"(탈출 32,10 참조).

하느님의 엄포에 모세는 화를 거두어주시기를 간청한다.

"야훼 하느님, 저들이 아직은 생각이 미숙하고 모자라서 저런 짓을 했는데, 제가 교육을 잘해서 반듯하게 만들어 놓을게요. 그러니 기회를 한번 주세요. 만약 그래도 저들을 죽이겠다고 하신다면 생명의 책에서 제 이름을 지워주세요"(탈출 32,32 참조).

우상숭배에 빠졌던 백성을 위한 모세의 중재는 적당한 무마가 아니었다. 그것은 무엇보다 죄악에 대한 철저한 인식에서 출발하고 있다. 모세의 중재는 하느님 앞에 백성들의 죄를 변명하려는 것이 아니라 그 죄를 속죄하려는 것이었다. 그것은 바로 모세 자신의 희생까지도 전제하는 비장한 것이었다는 데서 잘 드러난다.

모세는 하느님께서 그들의 죄를 용서해 주지 않으시면 아예 자신의 이름을 '하느님께서 기록하신 책'에서 지워 달라는 참으로 도전적인 기도를 드린다.

모세의 기도는 사도 바오로가 자기 민족을 구원하기 위해 자신은 "그리스도에게서 떨어져 나가도 좋다"고 말한 내용과 흡사하다(로마 9,3 참조). 따라서 모세의 간구는 백성의 구원을 위해 자신의 온 생명을 걸고 마음을 다한 사랑의 기도였다.

모세의 기도로 하느님께서는 진노를 푸시고 백성들을 인도할 것을 허락하셨다(탈출 32,34 참조). 생명을 건 모세의 기도가 하느님의 마음을 움직였던 것이다.

훗날 모세는 또 한 번 하느님과 협상을 한다. 가나안에 입성하기 직전, 12명의 정탐꾼을 그 땅에 보냈을 때 이 중 10명은 부정적인 이야기를 하고 나머지 2명만이 긍정적인 보고를 올렸다.

10명의 정탐꾼들은 이렇게 떠벌린다.

"우리 거기 못 들어간다. 거기 거인족이 살고 있다. 가나 마나 이 전쟁은 졌다. 가면 이제 죽어. 괜히 나왔어. 40년 헛고생했어. 거인 앞에 섰더니 우리는 메뚜기야"(민수 13,31-33 참조).

이런 선동을 듣고 백성들은 모세의 말을 듣지 않는다. 더 이상 모세의 말발이 먹혀들지 않자, 모세가 하느님께 가서 이야기한다.

"하느님, 이 백성을 어떻게 해야 좋겠습니까?"

이 말에 하느님은 더 화를 내신다. 성경에는 이렇게 표현되어 있다.

"이 백성은 언제까지 나를 업신여길 것인가? 내가 그들 가운데에서 일으킨 그 모든 표징을 보고도, 이자들은 언제까지 나를 믿지 않을 것인가? 내가 이제 이들을 흑사병으로 치고 쫓아내 버린 다음, 너를 이들보다 더 크고 강한 민족으로 만들겠다"(민수 14,11-12).

한마디로 하느님께서 이렇게 말씀하시는 것이다.

"내가 쓸어버리겠다. 다 쓸어버릴 테니 모세야 너나 들어가라."

이 말에 몹시 마음이 아픈 모세가 하느님께 논리적으로 협상을 한다.

"하느님, 이 백성을 쓸어버리면 백성은 백성대로 죽고 하느님 이름에 먹칠하는 거예요. 지금 소문 다 났단 말이에요. 이집트에서 당신 백성 이끌고 나온 야훼가 누구냐고? 그런데 백성을 사람 하나 죽이듯 죽여 버리시면, 당신이 백성에게 맹세한 땅으로 그들을 데리고 갈 능력이 없어서 광야에서 몰살시켜 버렸다고 소문이 날 텐데. 그럼 누가 하느님을 믿겠습니까? 잘 생각해 보세요"(민수 14,13-17 참조).

이 말을 듣고 하느님께서 말씀하신다.

"그래, 네 말이 맞다. 그러면 내가 쓸어버리는 것은 안 하고 이놈들 죽을 때까지 기다렸다가 죽고 나서 긍정적인 사고방식을 가진 사람만 데리고 들어가겠다"(민수 14,20-24 참조).

앞에서 프란치스코 교황이 협상기도에 대해 언급한 것은 바로 이러한 공동체를 향한 하느님의 자비를 전제로 한 기도 지혜의 발로였다. 모르긴 몰라도 교황 역시 아브라함과 모세처럼 오늘의 우리 인류를 위해 기도하고 있을 터. 그는 이런 기도가 바로 다름 아닌 '정의'라고 선언한다.

| **"기도는 이웃에 대한 도움을 현실화시키는 정의로운 행위**

| 입니다."¹²

협상을 포함해서 이웃을 위해 바치는 기도는 공동체적 연대감에서 비롯된다. 그러기에 교황은 기도를 권하기에 앞서 공동체 의식을 먼저 강조한다.

> **"한 도시의 모습은 그 안에 사는 구성원 모두의 얼굴로 만들어진 모자이크와 같은 것**으로 지도자나 관리들이 보다 큰 책임을 지고 있겠지만 좋은 일이든 나쁜 일이든 모든 시민들도 공동책임을 지고 있습니다."¹³

우리 각자는 한 사회에서 하나의 모자이크를 구성하는 하나하나의 얼굴로서 책임을 지고 있기에, 서로 기도로써 연대할 필요가 있다. 이를 절감한 교황은 부에노스아이레스 대교구장으로 있던 추기경 시절, 교구 신자들에게 '다섯 손가락 기도'를 보급하였다.

이 기도 방법은 다른 사람을 위해서 또 나를 위해서 기도하는 방법인데, 손가락이 지니는 상징적인 의미를 활용하여 누구에게나 쉽게 이해되고 기억될 수 있을 만큼 단순하다. 하나하나씩 보자.

첫째, 엄지 기도다.

엄지(첫째 손가락)는 우리에게 가장 가까이 있으면서 '으뜸'을 상징한다. 그래서 엄지를 꼽으면서 기도를 바칠 때는, 우리와 가까이 있는 사람들 곧 으뜸으로 소중한 이들인, 가족과 친지(부모, 배우자, 자녀, 친척, 친구)에게 지향을 둔다.

둘째, 검지 기도다.

검지(둘째 손가락)는 가리키고 가르치는 이들을 상징적으로 연상시킨다. 그러기에 검지를 꼽으면서 기도를 바칠 때는, 교육자(교사, 교수)와 성직자들을 지향으로 삼는다.

셋째, 중지 기도다.

중지(가운뎃손가락)는 가장 길고 높아서 사회의 중심 역할을 하는 이들을 상징한다. 그러므로 중지를 꼽으면서 기도할 때는, 교회 안에서건 사회에서건 중심적 역할을 맡고 있는 지도자들(교황, 대통령, 정치인들, 기업가들)을 지향으로 삼는다.

넷째, 약지 기도다.

약지(넷째 손가락)는 '나약함'을 상징한다. 그래서 약지를 꼽으면서 기도할 때는, 사회적 약자들(병자들, 고통받는 이들, 가난한 사람들, 소외된 이들)에게 지향을 둔다.

다섯째, 애지 기도다.

끝으로, 애지(다섯째 손가락)는 가장 짧아서 '미소'한 이들을 상징한다. 그러므로 애지를 꼽으면서 기도할 때는, 하느님 앞에 가장 미소한 존재인 자기 자신과 작은 이들(어린이들, 청소년들)을 떠올리며 기도를 바친다.

이제 손가락만 딱 펴면 기도할 사람이 다 들어와 있는 셈!

그 구체적인 기도 내용과 방법은 미래사목연구소에서 보급하는 『손가락 기도』 기도서에 담겨 있으니 참조해도 좋겠다. 교황 친히 가르쳐준 이 기도서를 포켓에 넣어 다니면서 생각날 때마다 바쳐봄이 어떨까.

우리가 바치는 기도 목록은 결국 우리 자신을 위한 축복의 목록이다. 이는 교황 자신이 증언하는 행복의 비밀이기도 하다.

> **"우리가 벽을 허물고 우리 마음이 사람들의 얼굴과 이름으로 가득할 때 우리는 충만해집니다."**[14]

뭐니 뭐니 해도 기도의 궁극은 감사기도다. 우리가 때론 뜬금없이, 때론 각별한 사연과 함께 떠오르는 '얼굴'들과 '이름'들을 위해 눈물로써 기도를 바쳐줄 때, 우리 역시 절로 감사기도를 드릴 수 있기 마련이다.

> " "나는 여러분을 기억할 때마다 나의 하느님께 감사를 드립니다"(필리 1,3). 이는 회의적이고 부정적이며 희망 없는 눈길이 아니라, 하느님께서 다른 이들의 삶 속에서 활동하고 계시는 것을 알아보는 깊은 믿음에서 우러나오는 영적 시선입니다. 또한 이는 다른 이들에게 관심을 쏟는 마음에서 비롯되는 감사입니다."[15]

이러한 감사 역시 바오로 사도의 입버릇 기도 내용이었다. 필경 줄곧 프란치스코 교황의 무의식 기도이기도 했으리라. 이제 마땅히 우리의 일상 기도여야 하리라.

양 냄새를
풍기라

울타리 없는 은총

2013년 3월 28일 성유 축성 미사 중에 프란치스코 교황은 이후 교회 안팎의 사람들에게 가장 많이 인용되는 보물 같은 발언을 한다.

| "여러분은 양의 냄새가 나는 목자가 되십시오."

양의 냄새! 여러 요청을 함축한 은유적 표현이다. 목자가 양의 냄새가 나려면 양 떼와 함께 뒹굴며 동고동락을 해야 한다. 그런데 옛날이나 오늘날이나 양 떼들 처지는 비슷하다.

"산마다, 높은 언덕마다 내 양 떼가 길을 잃고 헤매었다. 내 양 떼가 온 세상에 흩어졌는데, 찾아보는 자도 없고 찾아오는 자도 없다"(에제 34,6).

양들이 여기저기서 길을 헤매고 있다. 굶주림에 지친 그들의 신

음, 상처, 절망…. 게다가 양들의 목숨을 호시탐탐 노리는 세력들
도 있다.

> "우리는 양 떼를 흩어 놓으려는 늑대들에게서 우리에게 맡
> 겨진 양들을 보호해야 합니다."[1]

이런 마당에 에제키엘 예언자가 전하는 말씀은 영락없이 오늘
우리를 향한 하느님의 애정 어린 결의로 들린다.

"내가 몸소 내 양 떼를 먹이고, 내가 몸소 그들을 누워 쉬게 하
겠다. 주 하느님의 말이다. 잃어버린 양은 찾아내고 흩어진 양은
도로 데려오며, 부러진 양은 싸매 주고 아픈 것은 원기를 북돋아
주겠다"(에제 34,15-16).

'몸소'라고 하셨다. 과연 어떻게 '몸소'일까? 성령을 통해서 '몸
소'일까, 새롭게 세우는 당신 일꾼들을 통해서 '몸소'일까.

그 '몸소'가 나일 수 있다. 양 떼를 먹이고 쉬게 하는 '몸소'가 내
손일 수 있다. 잃은 양을 찾아나서는 '몸소'가 내 애틋함일 수 있
다. 싸매 주고 북돋아주는 '몸소'가 내 사랑일 수 있다.

이쯤 읽다가 어떤 독자들은 "이건 목자들을 향한 얘긴데 왜 내
가 읽고 있지?"라고 생각할지도 모르겠다. 하지만 평신도에게도
'평신도 사도직'이라는 소명이 있다. 그렇게 볼 때 일반 신앙인들
은 '양'과 '목자'라는 이중 정체성을 지니고 있다. 평신도는 목자이

기도 하고 양이기도 한 셈!

이러건 저러건, 여기서는 편의상 오늘 교회 모든 사명자들의 소임을 '목자'라고 불러주기로 한다. 그렇다면, 목자의 사명은 무엇인가? 목자는 양들에게 생명을 주고 또 주어 넘치도록 하는 것을 본령으로 삼는다. 또 어떤 명분으로건 목자는 양들을 위해서 자기 목숨을 내놓아야 한다. 그러려면 양들이 있는 곳엔 어디든 달려가야 한다.

> "우리는 모두 자신의 안위를 떠나 용기를 갖고 복음의 빛이 필요한 모든 '변방'으로 가라는 부르심을 따르도록 요청받고 있는 것입니다."[2]

바로 이런 이유로 교황은 교회가 울타리를 넘어 밖으로 나아갈 것을 종용한다.

> **"어떻게 그리스도 공동체가 폐쇄적일 수 있나요? 어떻게 본당 공동체가 배타적일 수 있는 건가요?** 그래서 나는 아름다운 복음 이야기를 들려드리고 싶네요. 바로 99마리 양은 놓아둔 채, 잃은 양 1마리를 찾아나서는 목자 이야기 말입니다.

> 지금 우리에게는 1마리가 아니라, 99마리가 밖에 있습니다! 제발 좀 울타리 밖으로 나갑시다!
> 사실, 이 이야기는 우리에게 진실을 말해 줍니다. 우리는 고작 1마리, 잘해야 몇 마리 양들과 함께하고 있을 뿐입니다. 〔…〕 울타리 밖 99마리의 다른 양들을 찾아 나서야죠! 〔…〕 물론 쉽지 않습니다. 쉬운 것으로 치자면, 집 안에서 1마리 양이나 잘 돌보는 것이 훨씬 쉽습니다. 그럼요, 훨씬 쉽고 말구요. 털이나 잘 빗겨주고 쓰다듬어주기만 하면 되니까요. 하지만 우리 주님께서는 〔…〕 우리가 털이나 매만지는 미용사가 되기를 원하시지 않습니다."[3]

구미 교회의 현실을 목도한 사람이라면 교황이 제시한 숫자 '1마리'와 '99마리'의 비극이 과장이 아님을 수긍할 것이다. 나는 오스트리아 유학 시절 주말 보좌신부로 활동한 적이 있는데, 미사에 오는 신자가 전체 가톨릭 신자의 5% 미만이었다. 그것도 20년 전의 이야기니 지금은 더 악화되어 있지 않을까 싶다. 이렇듯이 오늘날 교회에서는 교황의 역설적인 주장처럼 '1마리' 양만 안전지대에 있는 형국이다. 그러니 '99마리' 잃은 양을 찾아 울타리 밖으로 나가야 할 수밖에.

이 강론에서 프란치스코 교황은 은총의 무상성에 대해서도 언급했다. 거저 받았으니 거저 베풀라는 취지다. 하지만 현실은 그 반대인 경우도 있다.

> "우리는 자주 은총의 촉매자보다는 은총의 세리처럼 행동합니다. 그러나 교회는 세관이 아닙니다."[4]

표현이 절묘하다. 은총의 '세관'이 아니라 '촉매자'라! 그렇게 되려면 안으로 끌어들이는 교회가 아니라 밖으로 손을 뻗는 교회가 되어야 한다.

현장의 목자

프란치스코 교황은 이 시대 영적 지도자들의 사명과 관련하여 다음과 같이 뼈있는 말을 한다.

> "'탁상 신학'에 머무르지 말라."[5]

촌철살인의 권고다. 이는 비단 신학자들뿐 아니라 우리 모두를 위한 말이다. 실행이 없는 탁상공론을 피하라! 현장, 그것도 사람의 발길이 닿기 힘든 후미진 뒷골목 사람들의 희로애락에 동참·연대하라! 몸소 행하고 있는 교황의 말이기에 더욱 힘이 있다.

말은 쉽다. 실행이 어려운 것이다. 이를 위해서는 용단이 필요하다. 그러기에 교황은 일관되게 '교회 밖으로' 나가 '모든 이'의 고통과 애환을 어루만져주는 것이 첫째가는 소명임을 솔선으로 강조한다.

"우리는 모두 용기를 가지고 모든 이를 만나기 위해 안위를 박차고 나가라는 부르심에 초대받았습니다."[6]

여기서 '모든 이'와 '나가다'는 단어가 인상적이다. 교황은 중요한 것은 반복하여 말하곤 한다. 이는 이탈리아의 잡지 「비타」(Vita)가 교황 선출 후 그 해 10월 10일까지 '교황이 사용한 단어들'을 분석한 결과 뚜렷이 드러났다.

집계에 의하면 '예수'와 '모든 것'(everything), 모든 사람(everyone)'이 교황이 가장 자주 사용한 단어들인 것으로 나타났다. 다음으로 '걷다'(walk), '가다'(go), 그리고 '나가다'(go out)가 자주 사용되었고, '보다'(see), '바라보다'(look at), '듣다'(hear), '귀를 기울이다'(listen to) 등도 빈번히 쓰인 것으로 나타났다.[7]

이 단어들은 그대로 교황의 모든 것을 드러낸다. 그 가운데 '예수', '모든 것', '모든 사람'은 마땅히 보편을 지향하는 가톨릭 정신과 맥을 같이하고 있으니 크게 새롭지 않다.

하지만 '걷다'와 '가다'라는 말끝의 '나가다'는 현실 안주의 유혹을 떨치지 못하고 있는 우리들에게 새삼 생경하다. "교회 밖으로 나가라, 거리로 나가라, 시장으로 가라"는 뜻쯤이겠으나, 전통적으로 낯가림이 있어 왔던 우리네에게 다소 부담스럽게 들리는 것은 어쩔 수 없다.

교황 특유의 영적 아우라는 '보다'와 '듣다'에서 짙게 발산된다.

짐짓 "현장에서 고통받는 사람들을 봐라. 힘들어하는 사람들을 봐라. 그들의 소리를 들어라. 애환을 들어라"라는 의미일 것이니, 마르지 않는 교황의 연민이 느껴져 오는 듯하다.

한마디로, 교황이 발휘하고 있는 가장 큰 매력은 '동행의 예술'[8]이다. 그는 동행의 궁극적인 경지가 어떤 것인지를 다음과 같이 묘사한다.

> "기쁜 소식을 전하는 마음은 "약한 이들에게는 약한 사람처럼 되고, [⋯] 모든 이에게 모든 것이"(1코린 9,22) 됩니다."[9]

이 이상이 이루어지기 위해서는 방금 기술한 바와 같이 '현장행행보'가 필요하다. 이는 프란치스코 교황에게 이미 주교 및 추기경 시절부터 몸에 밴 습관이었다. 앞에서 언급된 빈민촌 정기 방문 외에도, 에이즈 환자들을 찾아가 그들의 발을 씻어주고 입맞춤해 주기도 했다. 마약 중독자들의 재활을 위해 직업교육 프로그램을 실시했고, 정기적으로 암 말기 환자를 방문했다. 2004년 부에노스아이레스의 한 나이트클럽에서 대형 화재가 발생했을 때에도, 그는 지체하지 않고 그곳으로 달려갔다.

아마도 프란치스코 교황이 교황이 된 가장 큰 이유가 이처럼 언제나 낮은 데로 가서 직접 양 떼를 돌보았기 때문이지 않나 싶다.

하느님께서 그 점을 높이 보시고 "너는 교황감이다"라고 여기셨던 것 아닐까.

하지만 이러한 교황의 친서민적 행보는 적지 않은 불편을 동반한다. 때론 경호의 어려움을 자아내어 관계자들을 항상 대기상태에 있게 한다. 그럼에도 그는 고집스럽게 감행한다. 왜일까? 그 이유는 이렇다.

> "나는 교도소에서 힘든 삶을 살아가는 사람을 지켜보는 것이 몹시 힘들어 그곳에 가는 게 두렵습니다. 그렇지만 늘 거기에 갑니다. 이는 하느님께서 내가 도움이 필요한 사람들, 가난한 사람들, 마음이 아픈 사람들과 직접 함께하길 바라시기 때문입니다."[10]

교황은 이렇게 말하고 있는 것이다.
"나도 교도소 다니고, 불치병 환자들 만나는 자리 가면 괴로워. 그 고통 쳐다보는 거 나도 힘들어. 또 가난한 곳에 출퇴근하는 거 나도 번거롭고 힘들어. 그렇지만 그들이 나를 원하고 주님께서 내가 그곳에 있기를 원하시니까 그 일을 하는 거야."
가만 보면 '나'의 바람과는 관계가 없다. "나도 힘들지만 그 사람들이 원하니 하는 거야, 나도 힘들지만 주님이 원하시니 하는 거야."

이것이 교황 프란치스코다. 우리는 어떤 때 기준이 '내'가 되어서 이래서 못하고 저래서 못 한다고들 얘기하는데, 교황은 언제나 "그 사람이 원한다면 해야지, 하느님이 원하신다면 가야지" 하는 것이다.

이와 관련하여 교황은 질곡에 빠진 이들의 부르짖음을 내려다보시고 하느님께서 모세를 불러 세우신 사건을 상기한다.

> "우리는 가난한 이들의 울부짖음을 귀담아 잘 들어주고 그들을 도와주어야 합니다. 성경을 잠깐만 보아도 자비로우신 우리 아버지께서 가난한 이들이 울부짖는 소리를 들어주고자 하신다는 것을 잘 알 수 있습니다. "나는 이집트에 있는 내 백성이 겪는 고난을 똑똑히 보았고, 작업 감독들 때문에 울부짖는 그들의 소리를 들었다. 정녕 나는 그들의 고통을 알고 있다. 내가 그들을 구하러 (…) 내려왔다. 내가 너를 보낸다"(탈출 3,7-8.10)."[11]

하지만 오늘날은 더 이상 위대한 영웅들의 시대가 아니라 작은 이들의 시대다. 그러기에 작은 우리 모두는 모세의 부르심에 동참하도록 초대되었다. 각자 부족한 대로 소명을 위임받은 것이다.

모세 이야기가 나온 김에, 무릇 모든 지도자들이 경청해야 하는 프란치스코 교황의 리더십 단상을 소개한다. 그가 2013년 라틴아메리카 주교회의(CELAM) 조정위원회와 만남에서 연설한 한 대목이다.

> "당신 백성과 함께하는 주교의 자리는 세 곳입니다. 여정을 알려주기 위해 앞에 서기도 하고, 그들과 함께하면서 흩어지는 사람들을 모으기 위해 중간에 서기도 하며, 한 사람도 뒤처지지 않도록 뒤에 서기도 해야 합니다. 뒤에 서는 또 다른 근본적인 이유는 양 떼들이 스스로 새로운 길을 찾는 직관을 가지고 있기 때문입니다."[12]

　　격문(格文)이며 명문(名文)이며 미문(美文)이다. 여기서 '주교'는 세속의 언어로 치환하면 '지도자'가 되겠다. 어느 지도자든 '앞에', '중간에', '뒤에' 서야 할 자신의 자리를 언제고 어림잡아야 할 일이다.

　　"나는 지도자급이 아니니까…" 하고 구태여 뒤로 빼지 말자. 하느님께서 주신 나의 삶, 그 삶의 주인이 누구인지만 따져도 '나'라는 답이 나오지 않는가.

숨은 망명자들의 수호자

낮은 곳, 현장을 향한 프란치스코 교황의 편애는 단호하기까지 하다. 이는 미국 테오도르 맥캐릭 추기경이 바티칸 라디오와의 인터뷰에서 소개한 교황 관련 일화를 통해 드러난다. 한번은 그가 아르헨티나를 방문한 적이 있다. 그때 추기경이던 베르골료가 마중 나와 가방을 받아들고, 렌트한 차를 손수 몰고 교구청으로 향했다고 한다. 그런데 베르골료 추기경의 도시 가이드는 상식을 벗어나는 것이었다. 맥캐릭 추기경은 그때 일을 이렇게 회상한다.

"가는 길에 눈길을 끄는 유명한 명소들이 많았는데, 유일한 관광안내는 '이 다리 밑에는 최악의 슬럼가가 몰려 있어서 자주 들릅니다' 뿐이었습니다."[13]

프란치스코 교황의 주요 관심사가 무엇인지를 극명하게 드러내주는 대목이다.

교황은 신자유주의의 폐해 가운데서 가장 처절한 문제들에 주목한다. 그는 하나하나의 사안마다 진지한 우려를 표명하기도 하지만, 총론적인 개탄도 자주 토로한다. 오래 그리고 강인하게 기억되는 데는 은유법이 그만이다. 이 은유로 교황은 이 시대의 위기에 대하여 경각심을 불러일으킨다.

"나는 이야기 하나를 들려드리고 싶습니다. 〔…〕 기원전 10세기경의 성경 미드라쉬(유다교 성경 해설)에 나오는 얘기입니다.

한 사람이 아름다운 탑을 지으려 합니다. 그는 우선 벽돌이 필요하다고 말합니다. 그래서 사람들은 진흙과 짚을 가져와서 반죽한 다음 불로 구워서 벽돌을 만듭니다. 이제 잘 쌓는 일만 남았습니다.

그러니 벽돌 한 장이 이 모든 과정을 위한 보물인 셈입니다. 그런데, 만약 벽돌 한 장이 떨어져 나간다면, 이는 국가적 비극입니다. 장인의 실수로 벽돌이 떨어져 나가면, 공든 탑이 무너질 위험이 있기 때문입니다. 끔찍한 일이 생기는 거죠.

하지만, 만약 일하던 장인이 떨어졌는데도 아무 일 없었던 듯이 넘어간다면, 이를 어떻게 이해해야 할까요.

이런 일이 오늘날 벌어지고 있습니다. 투자한 것이나 은행

> 이윤의 폭락이 생기면 "참사야! 어떻게 하지?" 하면서도, 많은 이들이 어렵게 지내고 못 먹고, 못 사는데도 "아무 일 없네" 하는 것이 바로 오늘날의 문제입니다!"[14]

교황의 세태 비판은 우리를 찔끔하게 한다. 쉽게 풀어 말하자면 이런 어투다.

> "나이든 노숙자가 길에서 얼어 죽은 것은 기사화되지 않으면서, 주가 지수가 조금만 내려가도 기사화되는 것이 말이나 되는 일입니까? 이것이 바로 배척입니다."[15]

교황이 지적하는 저 비극적인 인식이 요즘 우리들의 사고방식이다. 교황은 이를 개탄한다. 나아가 우리들의 무감각과 비정함에 대하여 가슴 아파한다.

> "우리도 모르는 사이에 우리는 다른 이들의 고통스러운 절규 앞에서 함께 아파할 줄 모르고, 다른 이들의 고통 앞에서도 눈물을 흘리지 않으며, 그들을 도울 필요마저 느끼지 못하게 되었습니다."[16]

교황의 안타까움은 우리의 심금을 건드리는 호소로 격앙된다.

"우리 모두 "네 아우는 어디 있느냐?"(창세 4,9)고 물으시는 하느님의 외침에 귀 기울이기를 바랍니다. "노예가 되어 버린 네 형제자매는 어디에 있느냐? 불법 공장이나 매춘 조직에서, 구걸에 이용되는 어린이들 안에서, 불법 노동 착취를 당하는 이들 안에서, 네가 날마다 죽이고 있는 형 제자매는 어디 있느냐?" 아무 일도 없는 척하지 맙시다. 생각보다 더 많은 공모가 이루어지고 있습니다. 이 문제에 는 모든 이가 관련되어 있습니다. 오늘날 우리 도시에는 이 악명 높은 범죄망이 단단히 구축되어 있고, 많은 사람 이 무사안일에 빠져 침묵의 공모를 하여 이에 직접 관련되 어 있습니다."[17]

매일 자행되는 온갖 인권 유린, 착취, 폭행 등에 대해서 우리가 똑같은 감각으로 "큰일 났다!"고 관심을 기울여야 한다는 일침이 다. '침묵'은 '공모'인 셈이라는 지적이 우리의 양심을 찌른다.

이 시대 다양한 문제들에 대한 이런 논조의 비판은 교황의 독특 한 '이름짓기'(네이밍)에 고스란히 반영되어 있다. 일례로 교황은 현 대의 여러 문제들을 뭉뚱그려 '폐기처분의 문화'라고 이름 붙인다.

"인간을 사용하다가 그냥 버리는 소모품처럼 여기고 있는 것입니다. 우리는 '폐기처분' 문화를 만들어 왔고 지금도 확산되고 있습니다. 이제는 문제가 단순히 착취와 억압 현 상이 아니라, 전혀 새로운 어떤 것입니다. 배척은 우리가 살고 있는 사회에 속하느냐 그렇지 않느냐의 문제입니다. 배척된 이들은 더 이상 사회의 최하층이나 주변인이나 힘 없는 이들이 아니라, 사회 밖에 있는 사람들인 것입니다. 그들은 '착취된' 이들이 아니라 쫓겨난 이들, '폐기처분된' 사람들입니다."[18]

폐기처분의 문화! 그동안 잘 써먹었으면서도 가차 없이 비정하 게 내버리는 문화를 뜻한다. 이는 능력 비교, 능률 싸움, 외모 지 상주의에서 경쟁력이 밀리는 이들, 그리고 시간 속에서 밀려난 이 들을 사회가 보듬어 안지 못하고 잔인하게 폐기해 버리는 현상에 대한 지적이다. 이 범주에 속하는 이들의 대표는 약자, 청년, 그리 고 노인들이다. 이들은 교황의 말마따나 각각 자신이 살길을 모색 해야 하기 때문에 '숨은 망명자'가 될 수밖에 없다.

교황은 이런 문화의 무한 질주에 브레이크가 필요하다고 본다.

"우리는 이러한 폐기처분하는 문화에 대해 "그만, 안 돼" 라고 말해야만 합니다."[19]

교황은 그 대안을 고심한다. 그렇다고 그것이 반드시 우리가 여태 몰랐던 뾰족한 수일 필요는 없다. 왜냐하면 우리 모두는 이미 그 답을 알고 있기 때문에.

> "우리들은 만나야 합니다. 우리들은 신앙과 더불어 '만남의 문화'를 만들어가야만 합니다. '형제애의 문화'로서 말입니다."[20]

잔뜩 움츠러들어 어디론가 숨어버린 '망명자'들을 찾아가 만나야 한다는 것. 그들에게 나눔과 도움을 베풀면서 '형제애의 문화'를 만들어가야 한다는 것. 그런데 이는 단순히 적선으로 끝낼 사안이 아니다.

> "연대성은 어쩌다가 베푸는 자선 행위 이상의 것입니다."[21]

그러기에 '공동선'을 위한 전인적인 투신이 필요하다. 이에 대해 교황은 단호한 어조로 촉구한다.

> "누가 아시시의 프란치스코 성인이나 콜카타의 데레사 복녀의 메시지가 들리지 않도록 성당 안에 가두어 버려야 한다고 주장할 수 있겠습니까? [⋯]
> 우리는 하느님께서 우리를 살게 해주신 이 아름다운 지구

를 사랑합니다. 그리고 우리는 여기서 슬픔과 투쟁, 희망과 열망, 강인함과 나약함을 지니고 살아가는 인류 가족을 사랑합니다. 지구는 우리 공동의 집이며 우리는 모두 형제자매입니다. 확실히 "정의가 모든 정치의 목적이며 고유한 판단 기준"이라면, 교회는 "정의를 위한 투쟁에서 비켜서 있을 수 없으며 그래서도 안 됩니다."[22] "[23]

교황은 솔선으로 행하며 좇고 있는 자신의 행보에 합류하도록 우리를 초대한다. 그럼에도 우리들은 핑계거리를 댄다. 내 코가 석자니, 그 일은 나중에. 바빠 죽을 지경이니, 나중에…. 이런 이들에게 교황은 자신의 경험으로 부드럽게 달랜다.

"사람들과 진정으로 동반하려고 하면, 항상 그 걸음걸이는 느려지게 마련입니다."[24]

프란치스코 교황은 이렇게 말하고 있는 셈이다. "뒤처진 사람들과 함께 가다 보면, 양 냄새를 풍기기 위해서 그들과 함께 보조를 맞추다 보면, 우리의 걸음걸이는 늦어질 수도 있다. 그렇지만 늦어지는 것에 대해 조바심 내지 마라. 그게 더 소중한 거다."

즉 능률주의를 벗어나자는 말이다. 이 대목에서 우리는 역설을 놓칠 수가 없다. 그 느려터진 걸음으로 교황이 얼마나 단숨에 세계적인 인물로 부각되었는지를.

　이쯤에서 내가 교황에게 붙여주고 싶은 이름은 '숨은 망명자들의 수호자'다. 그가 온 사랑으로 쓰는 변론은 필경 모두가 반길 '문화의 미래'이리라. 그러기에 우리를 향한 그의 초대는 더욱 거절하기 어려운 것 아닐까.

> "우리가 잠시 머물고 지나가는 자리에 우리 자신과 미래
> 세대의 삶에 영향을 끼칠 파괴와 죽음의 자국들을 남기지
> 맙시다." [25]

　물음들이 새록새록 피어난다. 진정 나는 무엇을 남겼는가. 무엇을 남길 것인가.

그 이름
프란치스코

'프란치스코'를 택한 까닭

사람들은 새 교황이 '프란치스코'라는 이름을 택한 것에 대해서 적이 놀랐다.

"의외네! 여태 누구도 그 이름을 교황명으로 써 본 일이 없는데."

실로 프란치스코 교황은 여러 관점에서 첫 번째 교황이다. 천년기 이후 첫 번째 비유럽권 교황, 첫 번째 라틴아메리카 출신 교황, 첫 번째 개발도상국 출신 교황, 첫 번째 예수회 출신 교황. 그리고 첫 번째로 '프란치스코'를 교황명으로 사용한 교황.

프란치스코라는 이름은 신학자들의 견해를 따르면 '예수'와 '베드로'라는 이름 못지않게 교황명에 전혀 걸맞지 않는 이름에 속한다. 더 큰 아이러니는 예수회 출신 교황이 타 수도회 창설자 이름을 빌렸다는 사실이다.

그래서 프란치스코라고 이름 붙였을 때 예수회 역사를 잘 아는 동료 성직자가 이런 농담을 했다고 한다.

"프란치스코? 하필 그 이름? 왜, 아예 클레멘스라고 붙이지!"

사실 예수회와 프란치스코회는 사이가 좋지 않던 시절이 있었다. 한때 프란치스코회 출신 교황 클레멘스가 예수회를 박해했던 것. 그래서 저 농담이 나왔던 것이다. '프란치스코' 교황명은 그 정도로 센세이셔널한 사건이었다.

왜 하필 프란치스코일까? 확실한 것은 이 이름에 현 교황의 재임 활동 밑그림이 담겨 있다는 사실이다.

취임 후인 2013년 3월 16일 프란치스코 교황의 거동을 취재하기 위하여 운집한 6,000명이 넘는 기자단 접견 자리에서, 교황은 왜 자신이 아시시의 성 프란치스코 이름을 교황명으로 선택했는지 이유를 밝혔다. 교황 선출 직후, 그 자리에 함께 있던 오랜 친구인 클라우디오 우메스 브라질 추기경이 자신을 껴안고 입을 맞추며 "가난한 이들을 잊지 말게"라고 말했다고 한다. 그 순간, 이 시대 과제인 전쟁의 상흔과 환경 파괴 현실에 그의 말이 더해져 자신 안에 프란치스코라는 이름이 떠올랐다는 것이다.

말끝에 교황은 그의 교황 직무 수행의 전체 프로그램을 암시하는 한 문장을 말하였다.

| "가난한 이들을 위한 가난한 교회를 내가 얼마나 좋아해

| 왔는지요!"

　가난한 교회를 퍽이나 좋아했다? 이는 의무적으로 가난을 산
것이 아니라, 일부러 가난을 즐겼다는 얘기다. 사실 이 말은 오늘
의 우리들에게는 좀 거리가 먼 느낌이다. 어떤 때는 부자로 살고
싶고, 빠진 것 없이 갖추어 놓고 살고도 싶은데 교황은 거꾸로 얘
기하고 있으니. 그런데 자세히 알고 보면 그의 저 말은 마냥 듣기
에 거북하기만 한 고백이 아니다.

　교황이 몸소 살고 있고 또 미래 교회의 비전으로 삼은 자발적
가난! 이는 선이나 덕의 실천이기 이전에 영성이다. 그 자체로 양
도할 수 없는 기쁨의 원천이다. 예수님께서는 이런 가난의 주인공
을 복된 자로 선언하셨다.

　"행복하여라, 마음이 가난한 사람들! 하늘 나라가 그들의 것이
다"(마태 5,3).

　여기서 '마음이'에 해당하는 성경 원어가 '영으로'인데, 의역하여
알아들으면 '자발적으로'라는 말에 가깝다. 그러니까 '마음이 가난
한 사람들'은 '자발적으로 가난을 선택한 사람들'을 가리킨다. 그
런데, 성경적인 의미로 '가난'은 전적으로 하느님께 의지할 수밖에
없는 절대 빈궁의 사람을 가리킨다.

　요컨대, '마음으로' 가난한 사람은 물질적인 가난과 별도로 자기

능력의 한계를 깨닫고 하느님께 의지하며 사는 이들을 뜻한다. 하루하루 하느님의 이름을 부르면서 "하느님 당신 없이는 살 수가 없어요"라고 무릎 꿇을 줄 아는 사람은 다 가난한 사람인 것이다.

프란치스코 교황이 이 가난을 택하여 살고 있다는 것은 매사를 하느님께 맡기고 하느님의 지혜와 능력으로 처리하겠다는 주도권의 양도를 뜻한다. 고단수의 지혜다.

물론, 이 밖에도 자발적 가난에는 나눔, 동참, 연대를 위한 자기희생의 측면도 있다. 이미 앞에서 보았듯이, 교황은 이에 대해 기회 있을 때마다 반복해서 언급한다.

> "우리가 복음의 아름다움을 항상 최적으로 드러내지는 못한다 하더라도, 결코 간과할 수 없는 표지가 하나 있습니다. 바로 가장 작은 이들을 위한 선택, 사회가 저버린 이들을 위한 선택입니다."[1]

이 당위를 누가 모르는가. 교황은 일찍감치 이를 실행하기 위하여 스스로 극단적인 결단을 내렸다. 그의 결단은 단호하고 비장하다. 마치 프란치스코 성인이 부자인 아버지 앞에서 입고 있던 옷을 훌러덩 벗어버리고 알몸으로 집을 떠남으로써 위대한 행보의 첫발을 떼었듯이, 교황 역시 관행과 상식을 깨는 일을 과감히 감행한다.

"언젠가 사제관에 들른 적이 있었는데 침실에도 책 몇 권과 침대 하나 달랑 놓여 있던 것이 무척 인상적이었습니다."[2]

앞서 언급된 문한림 주교의 진술이다. 실제로 교황은 당시 대궐 같은 종래의 주교관에서 머물기를 거부하고 허름한 숙소를 택해 거주했다고 한다. 교황이 된 직후에도 그는 일부러 작고 검소한 숙소로 주거지를 택하여 언론에 대문짝만 하게 회자된 바 있다. 이처럼 그는 스스로 가난한 자가 되어 가난한 이들을 위하여 투신한다.

가난에 대한 프란치스코 교황의 영적 통찰은 심원하다.

> **"가난한 이들을 위한 선택은 문화, 사회, 정치 또는 철학의 범주 이전에 신학의 범주입니다. 하느님께서는 가난한 이들에게 "먼저 당신의 자비"[3]를 베풀어 주십니다."[4]**

하느님의 우선적 선택! 이는 엄중한 말이다. 가난한 이들을 우선적으로 배려하는 것이 곧 절대적 명령이라는 뜻과 다르지 않기 때문이다.

여하튼, 이런 실행을 발판 삼아 교황은 무관심과 탐욕 때문에 나누지 못하는 사람들에게 성 요한 크리소스토모의 말을 빌려 격하게 호소한다.

> "자신의 재산을 가난한 이들과 나누어 갖지 않는 것은 그
> 들의 것을 훔치는 것이며 그들의 생명을 빼앗는 것입니다.
> 우리가 가진 재물은 우리의 것이 아니라 가난한 이들의 것
> 입니다."[5]

이토록 강경 어조를 취할 만큼 교황의 가난 실천은 결연하다.
냉기와 온기가 교차되는 양면성이라 할까. 아니면 가난한 이들에
대한 일방적인 사랑이 이기적인 탐욕에 대한 관용 없는 질타로 폭
발되었다 할까.

지금까지 '프란치스코' 이름을 교황명으로 택한 속뜻으로 '가난'
의 영성을 추적해 봤다. 그런데 이것이 전부가 아니다. 그 이름에
는 이 밖에도 다른 비전이 함께 함의되어 있다. 교회사적으로 추
적해 보자면 이런 내용이다. 교회는 전통적으로 '제도' 교회와 '성
령' 교회라는 두 흐름으로 명맥을 이어왔다.

제도 교회는 교회의 기초구조와 자원들, 규정들, 통치 그리고
교계 제도 등에 중심을 두고 있다. 이는 베드로 사도부터 시작된
교황의 계보, 교계, 그리고 조직화된 교회 등을 가리킨다.

이에 비할 때 성령 교회는 이 세상의 약자들을 위한 특별한 사
랑을 지닌, 보다 겸손하고 단순한 평등 공동체를 지향한다. 주로
이 성령 교회 쪽에서 많은 영성가들이 나왔다. 이들은 시대마다

등장하여 교회에 균형을 맞춰준다. 예를 들면, 프란치스코 성인이 바로 성령 교회의 대표 주자다. 지금 이 시대에는 복녀 마더 데레사가 있다.

이 두 흐름을 염두에 두고 교황은 프란치스코 이름을 따면서 제도 교회의 수장으로서 성령 교회의 활성화를 겨냥하지 않았나 싶다. 곧 지금까지 주도적인 역할을 하고 있던 제도 교회에 성령의 색깔을 입히고자 했던 것. 그리하여 제도 교회에 부드러운 하느님의 카리스마를 드리우고 싶었던 것 아닐까.

때를 기다려온 비전

"교회는 언제나 개혁되어야 한다!"(ecclesia semper reformanda!)

교회를 동반하는 존재론적 명제다. 교회 개혁에 대한 고민은 어제 오늘의 그것이 아니다. 이는 2,000년 교회 역사의 동력이다. 프란치스코 교황에게도 역시 이 존재론적 과제는 사제직 전반을 동행한 명령이었으리라.

현 교황 프란치스코가 세계적인 영적 지도자로서 다크호스로 떠오른 것은 교회가 막 이천 년대를 넘기고 있을 무렵이었다.

교황은 추기경 시절인 2001년, 바티칸에서 개최된 제10차 세계 주교대의원회의에 극적으로 참석하는 기회를 얻었다. 본래 '주교, 세상의 희망을 위한 예수 그리스도의 복음을 섬기는 이'라는 주제의 보고서를 제출할 예정이었던 뉴욕 대주교 에드워드 마이클 에간 추기경이 미국 9·11 테러 희생자 추모식으로 인해 조기 귀국

하게 되면서 베르골료 추기경이 추가 보고자로 지명되었던 것. 그는 짧은 기간에도 탁월한 보고서를 작성하여 국제적으로 주목받았다. 그가 주교대의원회의에 제출한 보고서에는 삼천 년이 시작되는 시점에 교회의 사명을 성취하기 위해 필요한 주교의 모습이 그려져 있다.

> "온 세상이 "우리를 부끄럽게 하지 않는 이 희망"(로마 5,5)을 열망하고 있음을 우리는 잘 알고 있습니다. 따라서 주교는 그리스도의 **십자가에서 솟아난 희망을 선포하는 사람**이어야 합니다."[6]

로마서 5장 5절 말씀인 '우리를 부끄럽게 하지 않는 희망'은 세상 사람들이 "괜히 헛꿈 꾼다"는 식으로 비아냥거리지 않을 희망이다. 자랑스러운 희망이라는 뜻!

그런데 이에 대해 당시 베르골료 추기경은 이렇게 말한다. "21세기에는 십자가에서 솟아난 희망을 이 세계에 전해야 한다."

왜 21세기에 이러한 희망을 전하는가? 20세기 말은 간단히 말해 '죽음의 문화'가 지배했다. 경제와 부가 풍요를 누리는 가운데 너무나 많은 것이 죽어갔다. 인간성마저 상실되고 말살되었다. 그러기에 필요한 것이 새 희망이다.

그런데, 장차 프란치스코 교황은 십자가에서 이 희망이 솟아난

다고 했다. 십자가가 무엇인가? 죽음, 무덤, 절망이다. 여기서 희
망이 솟아난다는 것. 이 원조가 누구인가? 예수님이다. 당시 예수
님께서 십자가에 못 박혀 돌아가셨을 때 제자들과 군중들의 절망
은 바닥을 쳤다. 제자들이 품었던 절망은 그야말로 하늘이 무너졌
을 때의 그것이었다. 그런데 거기서 반전이 일어났다. 예수님께서
부활하신 것이다. 이는 예수님 살던 한 시대에만 해당하는 사건이
아니다. 역사를 관통하여 이어지는 희망 원리인 것이다. 그러기에
장차 프란치스코 교황은 이 반전의 희망을 언급하고 있는 것이다.

이후 베르골료 추기경은 주교대의원회의 후속 권고 기초 문건
작성을 위한 아메리카 대륙 대표로 위원회의 만장일치를 통해 선
출되었다. 2005년의 제11차 세계주교대의원회의에서도 이전과
같은 역할을 맡았다. 그러면서 자연스레 세계적인 지도자로 급부
상하게 된 것이다.

개혁! 이는 현 교황이 오래도록 간직해 온 숙원의 희망이었다.
그는 이에 대해 이렇게 토로한다.

"나는 여러분들이 사도적 미라가 되지 않기를 바랍니다.
제발 그렇게 되지 마십시오! 박물관에 가면 아주 훌륭한
미라들이 많기 때문입니다."[7]

이를 보건대 교황에게는 어떤 형태로든 개혁의 비전이 있었다고 볼 수 있다. 그렇다면, 과연 그의 개혁 청사진은 어떤 모습을 그리고 있을까? 교황은 당신 혼자서가 아니라 '젊은이'와 '노인'의 지혜를 수렴하여 그 그림을 그리고자 한다.

> "우리가 시대의 징표를 읽으려고 노력할 때마다 젊은이와 노인의 말에 귀를 기울이는 것이 도움이 됨을 공동체가 알게 되기를 바랄 뿐입니다. 젊은이와 노인은 모든 이의 희망이 됩니다. **노인들은 기억과 경험의 지혜를 지니고 있습니다.** 이는 우리가 과거의 잘못을 어리석게 되풀이하지 않도록 경고해 줍니다. **젊은이들은 우리가 희망을 새롭게 일깨우고 키우도록 촉구합니다.** 그들은 인류의 새로운 방향을 제시하고 우리를 미래로 열어줍니다. 그리하여 우리가 더 이상 오늘날 세상에 생명을 주지 못하는 구조나 관습의 향수에 매달리지 않도록 합니다."[8]

이와 비슷한 취지의 말을 교황은 스파다로 신부와의 인터뷰에서 이렇게 밝힌 바 있다.

> "내게 있어 오래전에 세워진 교회와 최근에 세워진 교회 간 관계는 사회에서 젊은이와 노인 간의 관계와 비슷합니

다. 함께 미래를 건설하는 것입니다. 한쪽의 힘과 다른 한
쪽의 지혜가 어우러지는 것입니다."⁹

젊은이들이 추진력이 있다고 해서 무조건 밀어붙이면 방향을
잃기 쉽다. 노인은 지혜가 있고 방향은 알지만 힘이 모자란다. 그
러니 노인이 방향을 잘 잡고 젊은이가 밀어주면 가장 이상적으로
전진하게 되어 있다. 그래서 노인의 지혜와 젊은이들의 힘이 연합
해서 개혁해야 한다는 것이다. 그러기에 교황은 숙정과 희생의 개
혁이 아니라, 연합의 개혁, 생태적인 개혁을 꾀하고자 한다.

스파다로 신부는 우리를 대신하여 보다 구체적인 답변을 기대
하며 묻는다. "이런 급격히 변하는 역사적인 상황 속에서 교회는
무엇을 가장 필요로 합니까? 개혁이 필요합니까? 앞으로 교회가
원하는 것이 무엇입니까? 교회는 무슨 '꿈'을 꿉니까?"

이에 대해 교황은 먼저 개혁의 우선순위에 대해 언급한다.

"교회는 전투 후의 야전 병원과 같다고 나는 봅니다. 중상
을 입은 사람에게 콜레스테롤이 높다거나 당뇨가 있는지
를 묻는 것은 무익한 일입니다. 그의 상처를 치료해야 합
니다. 그런 다음에야 나머지 것들에 대하여 이야기를 나눌

수 있습니다. 상처를 치료하는 것, 그것이 먼저입니다. 기본에서부터 시작해야 합니다."[10]

굉장히 현실적인 답변이다. 부처도 비슷한 말을 했다. "누가 독화살을 맞았을 때 이 독화살에 대해 어디서 날아왔냐, 누가 쏘았냐는 나중에 묻고 당장 독화살을 빼고 입술로 독을 빨아내어야 한다."

프란치스코 교황이 저렇게 말한 데에는 이유가 있다. 시절이 나쁠 때는 가장 힘든 사람을 생각해야 한다. 왜? 시절이 좋을 때는 함께 버티는 힘이 있어서 괜찮다. 그런데 그 반대일 때 제일 먼저 죽어가는 이들이 약자다. 그럴 때일수록 약자들을 보호해 줄 의무가 있는 것이다. 그래서 교황은 개혁의 우선순위에 대해 언급한 것이다.

이어서 교황은 구조적인 개혁보다 내적 개혁, 태도의 개혁을 더 강조한다.

"체계적이고 구조적인 개혁은 부차적인 것입니다. 즉 나중에 해도 된다는 것입니다. **첫 번째 개혁은 태도에 관한 것이어야 합니다.** 복음의 직무는 사람의 마음을 따뜻하게 하고, 그들과 함께 어두운 밤길을 걸으며 대화할 줄 알고, 직접 그들이 처한 밤 속으로, 길을 잃지 않되 그들의 어둠 속으로 내려가 주는 것입니다. **하느님의 백성은 목자를 원하지 국가 행정관이나 공무원을 원하지 않습니다.**[11]

보통 사람들은 개혁을 이야기할 때 제도를 먼저 바꿔야 한다고 말한다. 하지만 교황은 그것보다 태도의 변화가 먼저라고 말한다. 약자들에게 먼저 가까이 다가가고 나서 구조를 바꾸자는 것이다.

교황의 개혁 비전 속에는 여성의 역할도 들어 있다. 교황은 21세기와 함께 여성의 시대가 오고 있음을 놓치지 않는다. 교회 안에서 여성 위상의 변화는 확실히 이 시대 교회 혁신 과제 가운데 하나임이 틀림없다.

"아직도 여성이 교회 안에서 더욱 적극적인 역할을 할 수 있는 기회를 넓혀야 합니다."[12]

이렇게 말할 수 있는 논거가 재미있다.

"실제로 여성이신 마리아께서는 주교들보다 더 존귀한 분이십니다."[13]

프란치스코 교황은 특유의 유머감각으로 정곡을 찌른다. 방금의 저 말은 무슨 뜻인가? 교회에서 주교단을 이끄는 것이 성모 마리아의 중재라는 얘기다.

참고로, 중세 교회가 절정을 넘기고 있을 때 성모 마리아의 발현이 곳곳에서 본격화되었다. 왜 그랬을까? 이를 신학적으로 생각해 볼 필요가 있다.

예수님께서 이 세상에 오시면 그건 종말이다. 그래서 예수님은 오고 싶어도 못 오신다. 재림 때 온다고 하신 분이 공적으로 나타나면 우리가 "아니 왜 벌써 오셨냐"며 얼마나 당황하겠는가. 하지만 중요한 메시지는 전해질 필요가 있기에 그 전달자로 성모 마리아가 선택된 것이다.

성모 마리아의 발현으로 교회에 불러일으켜진 것은 모성애다. 곧 엄마의 사랑이 지배하는 교회로 바뀌기 시작했다. 중세 교회까지는 남성중심의 교회, 권력적인 교회였다. 그러다 보니 출세와 부의 추구가 교회 안에서도 난무했다. 그럴 때 성모 마리아가 오셔서 "기도해라, 품어라, 용서해라, 받아들여라"라고 메시지를 전하게 된 것이다. 이를 통해 가톨릭교회는 점차 자비, 용서, 포용의 교회로 변해 갔다.

프란치스코 교황은 지금 이를 염두에 둔 것이다. 그래도 교회에 엄마 바람이 불어야지 더욱 따뜻해지지 않겠느냐고.

물론, 개혁을 말하면서 '구조'를 외면할 순 없다. 교황은 이에 대하여 제2차 바티칸 공의회 이후 점차 자리매김하고 있는 시노드

구조를 지향한다. 시노드(synodus)는 그리스어로 '함께'를 뜻하는 syn과 '길'을 뜻하는 hodos의 합성어로서 '함께하는 여정', 곧 협의체 구조를 가리킨다. 교황은 여기에 방점을 둔다.

> "대중과 주교들과 교황이 함께 걸어가야 합니다. 시노드의 정신은 다양한 차원에서 살아내야 합니다. 아마도 시노드의 방법론을 바꾸어야 할 시기인 것 같습니다. 지금의 시노드는 너무 정체된 것 같습니다."[14]

이로써 교황의 생각이 밝혀진 셈이다. 그는 이런 기조 정신에서 교황청 조직 개편을 시작했다. 그리하여 8명의 자문추기경단을 구성하고 이들과 함께 개혁의 방향을 모색하고 있다. 그대로만 되고 있다면, 교황이 지금 교회 밖에서 말하는 것들은 이 자문단에서 조율된 내용들을 교회의 얼굴로서 대변하고 있는 것이라고 봐도 무방하겠다. 이런 구조로 가톨릭교회가 앞을 향해 나아가는 모습은 참으로 바람직한 일이다. 우리도 좀 더 관심을 갖고 기도로써 힘을 보태어 보자.

사랑의 혁명

앞에서 프란치스코 교황의 자발적 가난이 미래 교회를 위한 혁신 비전임을 확인한 바 있다. 그런데 이 자발적 가난은 결국 믿음과 사랑의 발로다. 곧, 더 큰 지혜와 능력에 의지하려는 믿음과, 더 많이 나누고 베풀려는 사랑에서, 가난에로의 결단이 내려졌다는 말이다. 이는 프란치스코 성인에게서 가장 이상적으로 구현되었던 터. 성인에게 가난과 믿음과 사랑은 결국 한 갈래로 모아졌던 것이다.

이런 배경에서 교황은 '사랑의 혁명'을 제창한다.

> "교회 안팎에 만연한 '패배주의'에 무릎 꿇지 말고 '사랑의 혁명'을 이루는 희망의 징표가 됩시다."[15]

혁명이라는 말은 아무렇게나 쓰는 게 아니다. 프란치스코 교황이 '사랑의 혁명'이라고 이야기한 것은 자본주의, 신자본주의 등 세계적인 흐름이 양산한 희생자들과 낙오자들을 대상으로 한 말이다.

그런데 '사랑의 혁명'을 이루려면, 그것이 가능하도록 만들어주는 대전제가 있다. 바로 그 사랑의 대상에 내재된 존귀함과 아름다움을 보는 '눈'이다. 교황은 이에 대하여 핵심을 관통한 언급을 한다.

> "진정한 사랑은 언제나 관상적입니다. 이 사랑에 힘입어, 우리는 다른 이들을 필요나 허영심에서가 아니라 그들이 겉모습과 상관없이 아름답기 때문에 섬길 수 있습니다. "다른 이를 존중하는 그 사랑 때문에 우리는 그에게 무상으로 무언가를 줍니다."[16] 가난한 사람은 사랑받을 때 "매우 소중하게 여겨집니다".[17]"[18]

여기서 '관상'(contemplatio)이란 볼 관(觀), 생각 상(想), 글자 그대로 "생각으로 바라본다"는 뜻을 지닌다. 곧 이는 "지긋이 바라봄"을 뜻하며, 앞에서 언급한 '심미안'과 통하는 말이다. 실로, 자신 앞에 선 대상을 심미안으로 황홀히 응시할 때, 누구든지 상대의 숨겨진 아름다움과 선함에 몰입하는 관상의 경지에 들게 된다.

사실 교황이 언급한 저 관상적 사랑의 원조는 하느님이다.

"네가 나의 눈에 값지고 소중하며 [⋯]"(이사 43,4).

눈물이 찔끔해지는 하느님의 사랑 고백이다. 누구나 하느님 눈에는 "값지고 소중하다". 그러기에 사랑하지 않으실 수가 없다(이사 43,1 참조). 이것이 우리를 향한 하느님의 관상이다! 그리고 이것이 우리를 관상으로 이끌어주는 원동력이다.

관상은 연습과 노력으로 가능해진다. 의도가 뚜렷하면 방법은 터득된다. 어떤 과정으로든 관상의 문턱을 넘게 되면, '겉모습'이 아닌 '내면'의 아름다움에 눈뜨게 된다. 그리하여 다음과 같은 귀결이 이루어진다.

> "외양이 어떠하든, 모든 사람은 지극히 거룩하고 우리 사랑과 헌신을 받아 마땅합니다. 따라서 단 한 사람이라도 그가 더 나은 삶을 살도록 도울 수 있다면, 그것으로 이미 내 삶의 봉헌은 의롭게 됩니다."[19]

의무감에서 하는 선행, 오래 못 간다. 관상적 사랑에서 나온 선행, 다함이 없다. 그리하여 교황의 사랑 리스트는 온갖 소중한 이름들로 빼곡하다. 노숙자, 중독자, 난민, 토착민, 점점 더 소외되고 버림받는 노인들, 이민자들, 인신매매 피해자들, 우리 사회 새로운 형태의 노예들, 무죄한 태아, 그 밖의 모든 창조물⋯.[20]

이들을 향한 교황의 사랑고백은 입에서 그치지 않는다. 2014년 성녀 마르타의 집에서 봉헌된 재의 수요일 후 금요일 미사 강론 중에, 프란치스코 교황은 우리를 행동으로 초대한다.

"사랑의 나눔은 이사야서의 말씀대로 우리 형제의 몸을 부끄럽지 않게 여기는 것입니다. [⋯] 자선함에 돈을 넣을 때 가난한 사람이나 거지의 손이 닿을까 조심하며 넣습니까? 그들의 손이 닿기라도 하면 손을 뺍니까? 자선을 베풀 때 형제자매의 눈을 바라봅니까? 누군가 아프다면 찾아가 위로하고 애정을 보이며 인사합니까? 아픈 사람, 노인, 어린이를 어루만질 수 있습니까?
위선자는 어루만지는 행위를 할 수 없습니다. 어루만짐의 의미를 잊은 채 살아가고 있기 때문입니다.
형제자매의 몸을 부끄러워하지 마십시오. 그들의 몸은 곧 우리 자신의 몸입니다. 우리가 이들을 대하는 방식대로 심판받게 될 것입니다."[21]

약자들을 향한 애정에 비례하여 우리를 일깨우는 교황의 초대는 거역하기 힘든 명령으로 고조되고 있다.
어루만짐! 얼마나 따뜻한 말인가. 동시에 오늘 우리에게는 그 얼마나 듣기에 불편한 말인가.

이렇듯이 사랑의 혁명은 그냥 이루어지지 않는다. '어루만짐'을 감행하는 용기가 있어야 하는 것이다. 그렇다고 사랑의 혁명은 특별한 이들에 의해 이루어지는 것이 아니다. 모두가 그 주역으로 초대받았다. 누구 하나 예외가 없다.

> "우리는 빛을 비추고, 복을 빌어주고, 활기를 불어넣고, 일으켜 세우고, 치유하고, 해방시키는 이 사명으로 날인된 이들, 심지어 낙인찍힌 이들로 자임해야 합니다."[22]

그렇다 하여 부담을 가질 필요는 없다. 사랑은 결과를 중요시 여기지 않는다. 선한 동기와 과정, 그것으로 이미 값진 의미가 된다. 교황은 이 점을 친절히 설파한다.

> "우리는 사랑의 모든 행동, 다른 이들을 향한 진심 어린 관심이 결코 헛되지 않으리라는 것을 확신합니다. **하느님을 향한 사랑의 행동은 하나도 헛되지 않습니다.** 아낌없는 노력은 무의미하지 않으며, 고통스런 인내는 쓸모없지 않습니다. 이 모든 것이 생명의 힘처럼 세상을 감돌고 있습니다."[23]

이 사랑의 혁명은 겨자씨처럼 누룩처럼 번진다. 작지만 슬그머니, 끈질기게, 혹한을 견디고 소생하는 생명력으로 번진다. 이것이 교황의 확신이고 우리 모두의 희망이다.

> "그 나라는 여기에 있고, 다시 올 것이고, 새로 꽃피우고자 분투합니다."[24]

지금 우리가 살고 있는 지점은 '여기'와 있는 나라와 '다시' 올 나라 사이의 중간지대다. 그리하여 남은 여정은 늘 '새로운' 그 나라의 꽃망울을 틔우기 위한 '분투'의 행보다.

우리들의 작은 실천을 통한 사랑의 혁명은 '그 나라의 오심'을 당기는 왕도다. 그러므로 사랑을 위한 우리의 작은 불편, 수고, 희생은 '그 나라'를 위한 분투의 조각들인 것이다. 나는 오늘 어떠한 조각을 길 위에 남겼을까.

[10]

변할 수 있는 것과
없는 것

더 밝은 얘기 합시다

프란치스코 교황은 2013년 브라질 세계청년대회를 마치고 로마로 돌아가는 비행기에서 자신의 이야기를 듣고 싶어 하는 기자단의 요청에 즉석 기자회견을 열었다. 기자단은 기다렸다는 듯이 질문 세례를 퍼부었다.[1] 구체적으로 낙태와 동성결혼, 바티칸 은행 문제, 성직자 스캔들, 여성 지위 문제 등등. 그 답변 과정에서 교황은 모든 민감 사안에 대한 대원칙이 될 견해를 피력한다.

> "가톨릭교회는 항상 이 부분에 명확한 입장을 밝혀 왔다. 나는 교회의 사람이므로 교회와 같은 생각이다. 더 밝은 얘기를 하고 싶다."

이로써 오늘날 어떤 식으로 답하든 '진보적' 또는 '보수적'이라는 딱지가 꼭 따라 붙는 첨예한 사안에 대한 교황의 생각을 종합적으로 밝힌 셈이다. "교회의 입장은 명확하다. 나는 교회의 사람이므로 교회와 같은 맥락이다." 그가 아무리 교황이라도 그에게는 판단의 '기준' 자체를 수정할 재량권이 없다는 고백이다. 그에게는 주어진 기준에 입각한 식별의 권한이 있을 따름이다.

그런데, '식별'에 관한 한 교황은 최상의 교육과 트레이닝을 받은 예수회 수도자다. 교회사를 통틀어 식별의 권위자는 예수회 창설자 성 이냐시오 아니던가.

교황은 스파다로 신부와의 인터뷰 중, "예수회원이 교황이 되었다는 것은 무엇을 의미합니까?"라는 질문에 즉시 '식별'이라고 대답했을 만큼 중심이 있었다.

> "식별은 이냐시오 성인이 내적으로 가장 많이 고민했던 부분입니다. 그에게 있어 식별은 주님을 더 잘 알기 위한 투쟁의 수단이고, 그분을 더욱 가까이에서 따르기 위한 방식이었습니다."[2]

식별은 이 세상에 존재하는 모든 지도자들에게 요구되는 첫 번째 덕목이다. 식별을 통해 상황이 판단되고, 옥석이 가려지고, 우선순위가 정해지고, 행동방침이 세워지기 때문이다. 신앙인에게 식별은 특히 '하느님의 뜻'과 관련된다. 이것이 방금의 말을 통해서 교황이 말하고자 한 바다.

교황은 식별의 궁극적 목표가 '하느님의 일'임을 명료하게 밝힌다.

> "가장 바람직한 것은 식별을 통해 자신의 올바른 위치를 인식하고, 자신의 '관점'에서 출발하여 '하느님의 일'을 알아보는 것입니다. 이냐시오 성인에게 있어 가장 중요한 것은 장소와 시간과 사람의 상황에 맞게 끊임없이 육화하는 것이었습니다. 이런 통솔 자세는 요한 23세 교황의 **"모든 것을 보고, 많은 것을 식별하고, 작은 것을 시정하라"**(Omnia videre, multa dissimulare, pauca corrigere)라는 문구에서 다시금 드러납니다."[3]

이 짧은 언급에는 많은 신학적 및 영적 요소들이 함축되어 있다. 이냐시오 성인이 중시한 시의적절한 '육화'는 결국 예수님의 구원활동을 어떻게 오늘 이 시대의 상황에 지속시킬 것인가를 겨냥한다. 그리고 요한 23세 교황의 저 명구는 그 구체적인 방법론을 제시한다. 곧 최고의 차원에서 모든 것을 보면서 최소의 차원에서 몇 가지를 실천하는 것, 또한 원대한 계획을 세운 다음 작은 몇 가지 일부터 실행하는 것이다. 프란치스코 교황이 이들의 지혜를 인용한 까닭은 그도 같은 생각이기 때문이다.

사실 이해하기 쉽지 않아서 그렇지, 이런 언급들은 그대로 우리 삶에 적용되어야 할 실용적 예지를 담고 있다. 우리의 신앙생활은 결국 '장소와 시간과 사람의 상황에 맞게' 하느님의 뜻을 청하고 실행하는 것 아니겠는가. 그리고 그러기 위해서는 보고, 식별하고, 시정하는 절차를 매일 밥 먹듯이 반복해야 할 터다.

교황은 이 중요한 식별을 위하여 충분한 시간을 허락해야 함을 친절히 일러준다.

> "이런 식별은 시간을 요합니다. 많은 사람이, 예컨대 변화와 쇄신이 짧은 시간 안에 이루어질 수 있다고 생각합니다. 하지만 나는 근본적으로 참되고 효과적인 변화는 언제나 시간이 필요하다고 생각합니다. 그 시간이 바로 식별의 시간입니다."[4]

이제 교황은 자신의 식별 요령을 밝힌다.

> "식별은 언제나 주님의 현존 안에서 징표들을 바라보고, 일어난 것들에 귀 기울이며, 대중 특히 가난한 사람들의 목소리를 듣는 가운데 일어납니다."[5]

정통적인 접근법이다. 하느님의 뜻은 역사와 사건 속에서 드러나며, 백성의 소리를 통해 들려오기도 한다. 그러기에 교황은 관찰과 경청을 언급하고 있는 것이다. 이들은 모두 '현장'의 사건과 사람들을 통한 하느님 뜻의 계시다. 교황은 이를 강조하여 가톨릭 신앙은 '연구실 신앙'이 아니라 '역사의 신앙'임을 언명한다.

그런데, 교황은 앞의 언급에서 '주님의 현존 안에서'라는 전제조건을 달았다. 이를 바꿔 말하면 '주님의 빛', '성령의 조명'이 된다. 이를 담보해 주고 있는 것이 바로 복음서의 주님 '말씀'이다. 그러기에 교황은 '연구실'과 '탁상'을 완전히 배제하지 않는다.

이로써 교황은 이론과 실천이 서로 어떻게 호환적으로 보정의 역할을 하는지 언급한 셈이다. 이 둘은 건강한 행동의 식별에서 결코 탈락되어서는 안 되는 두 개의 바퀴라 할 수 있다.

무엇이 먼저인가

식별은 우선순위를 가리는 성찰의 과정이다. 살다 보면 뭐가 옳으냐, 그르냐를 따져야 할 때가 있다. 그런데 이것은 좀 비정한 도식이다. 이를 무엇이 먼저고 무엇이 나중이냐의 도식으로 바꾸면 좀 부드러워진다. "완전히 틀렸다" 하면 받아들이기가 어렵지만 "우선순위에서 조금 나중이다" 하면 수용이 된다. 그래서 필요한 것이 우선순위를 판별하는 지혜다.

교황은 진리에 서열 또는 '위계'[6]가 있음을 언급하면서 토마스 아퀴나스의 말을 빌려 교회의 으뜸 명제는 뭐니 뭐니 해도 '자비'임을 확인한다.

> "자비는 그 자체로 가장 큰 덕입니다. 자비에서 다른 덕이 흘러나오기 때문입니다."[7]

그러므로 이에 준하여 각 주제들의 빈도와 강도가 균형을 이룰 필요가 있다는 것이다. 예컨대, 사제가 강론에서 부득불 도덕 강론을 할 필요가 있을 때, 그 중심에는 당연히 '자비'와 '기쁜 소식'이 자리 잡고 있어야 한다는 것이다.

> "강론이 복음에 충실할 때, 일부 진리의 중심성이 분명히 드러납니다. 그리스도교적 도덕 강론은 금욕주의나 자기 부정, 또는 단순한 실천 철학이나 죄악과 오류의 목록이 아닙니다. 복음은 무엇보다 우리를 사랑하시고 우리를 구원하신 하느님께 응답하라고 우리를 초대합니다."[8]

같은 도덕이라도 그것이 어떤 가치를 지향하느냐에 따라 차원과 양식이 달라진다는 얘기다. 요컨대 똑같이 십계명을 지키더라도 그것을 의무조항으로 여길 것인가 아니면 사랑의 기쁨으로 여길 것인가에 따라서 결과가 달라질 수 있다. 프란치스코 교황은 이 점을 확실히 강조한다.

> "토마스 아퀴나스 성인은 교회가 나중에 추가한 규범들이 "신자들의 삶에 짐이 되지 않도록" 그리고 우리 종교를 종살이로 만들지 않도록 신중해야 한다고 강조하였습니다."[9]

교회의 사안에 대하여도 우선순위의 식별이 필요하다. 이와 관련하여 교황은 **"평화와 정의와 형제애"의 사회를 건설하기 위한 네 가지 원칙**을 제시한다.[10]

나는 2,000년 교회사에서 누적된 지혜를 모아 제시한 이 원칙을 접하며 "아, 교황님은 기본적으로 공부를 깊이한 학자구나"라는 생각이 들었다. 교황에게서는 핵심파악력, 기억력, 그리고 응용력이 비상하게 돋보인다. 그가 제시한 네 가지 원칙에서도 이 점이 확연하게 드러난다.

첫째, "시간이 공간보다 앞선다".[11]

이는 "천천히, 그러나 확실히, 즉각적인 결과에 치중하지 말고" 일하라는 의미다. 공간의 논리는 '즉시', 시간의 논리는 '천천히'를 요구한다. 시간은 하느님의 영역이고 공간은 지상의 영역이다. 공간은 현장이다. 현장에서는 어떤 일을 할 때 '당장', '즉시' 하라고 요청한다. 하지만 하느님의 진리는 '천천히', '차근차근히'를 권한다. 사려 깊다.

하느님께서는 제일 좋은 타이밍을 알고 계신다. 그래서 제일 좋은 때에 주시려고 하는데 우리는 아주 엉뚱한 타이밍에 달라고 한다. 하지만 우선순위의 지혜가 있는 사람은 기다릴 줄 안다.

둘째, "일치가 분열을 이긴다".[12]

이는 "다양하면서도 생명을 주는 일치"를 우선시한다. 어떤 거창한 명분으로든지 간에 분열을 조장하는 것은 옳지 않다. 교회에서도 가끔 가다 신자들이 그럴듯한 이유를 내걸고 합세하여 "우리 연판장 쓰자"라고 한다. 의견을 개진하자는 것이다. 물론 좋은 취지일 순 있으나 그 때문에 '일치'가 깨지면 그건 옳지 않다.

성인들은 말한다. "분열이 있는 곳에 악령이 있고 일치가 있는 곳에 성령이 있다." 예수님께서도 일치를 매우 중요하게 생각하셨다. 요한 복음에서 제자들을 위해 기도하실 때 이에 대해 굉장히 길고 깊게, 아주 열정적으로 기도하신 대목을 볼 수 있다(요한 17,11 참조). 그러니 일치를 깨는 것에 대해서 우리는 경각심을 가져야 한다.

여기서 간과할 수 없는 영역은 바로 내면이다. **"평화를 이루어야 할 첫자리는 우리 자신의 내면입니다. 수천 갈래로 산산조각이 난 부서진 마음으로 진정한 사회적 평화를 이룩하기가 어려울 것입니다."**[13] 동양의 가르침인 수신제가치국평천하(修身齊家治國平天下)와 맥을 같이하는 교황의 예지다.

셋째, **"실재(현실)가 생각보다 더 중요하다"**.[14]

이는 "정치나 신앙을 어떤 허언장담으로 전락시키는 일을" 피하라는 의미다. 곧 말보다 실행이 중요하다는 뜻이다.

좋은 말은 누구든지 한다. "사랑해라", "용서해라", "미사에 참

례해라". 하지만 진짜 아는 사람은 이를 말없이 행하는 사람이다.

또한 생각은 누구나 한다. 하지만 그 생각에서 사실을 만들어내기는 쉽지 않다. 그러기에 '실재' 곧 '현실'이 더 중요하다는 것이다.

이런 취지에서 교황은 생각만의 유혹에 단호한 입장을 취한다. **"천사 같은 순수주의, 상대주의의 독재, 공허한 미사여구, 현실과 동떨어진 목표, 반역사적 근본주의, 선의가 없는 도덕주의, 지혜가 없는 지성주의 등을 거부하여야 합니다."** [15] 오늘 우리 사회에서 난무하는 여러 양태의 이상주의가 얼마나 우리 자신을 번거롭게 하고 있는가.

넷째, **"전체가 부분보다 더 크다"**. [16]

이는 "지역화에 갇히지 말고 세계화를 함께 추구하라"는 의미다. **"편협함과 타성에 빠지지 않으려면 세계적인 차원에 관심을 기울여야 합니다."** [17] 뜻은 자명하다. 대한민국을 넘어 아시아, 나아가 지구촌을 아우르는 고뇌의 지평을 가질 줄 알아야 한다는 것이 이 네 번째 원칙의 요점이다.

이는 또한 통합의 중요성과도 연결된다. 교황은 이와 관련하여 인적 통합에 대해 언급한다. **"복음의 충만한 부요는 학자, 노동자, 기업가, 예술가와 모든 사람을 통합시킵니다."** [18] 각계각층의 사람들이 하나의 대승적 가치를 중심으로 연대해야 한다는 요청인 것이다.

　종합하건대, 식별에서 기준을 확실히 파악하는 것은 매우 중요
하다. 원칙이 되는 기준을 알면, 사안별로 던져지는 난처한 물음
들은 스스로 답을 만나게 되어 있다.

세 가지 유혹

앞에서 식별과 원칙에 대해 언급했다. 식별에서 또한 중요한 것이 '유혹'을 가려내는 일이다. 프란치스코 교황은 자주 거시적인 관점에서 식별한 유혹들에 대해 언급한다. 그중 몇 가지만 확인해 보자.

우선 겉치레의 유혹이다.

> "오늘날 지배적인 문화 안에서는 외향적이고 직접적이고 가시적이고 즉각적이고 피상적이고 일시적인 것이 우선시 됩니다. 실재적인 것이 외양에 자리를 양보하는 것입니다."[19]

실상을 놓치고 허상을 좇는 이 유혹에 누구나 공감할 터다. 그러다가 맞닥뜨리는 유혹이 바로 패배주의다. 공허를 추구하니 만족이 있을 리 만무한 것.

> "열정과 담대함을 짓누르는 더 심각한 유혹들 가운데 하나
> 는 패배주의입니다. 이는 우리를 불만스럽고 낙담하는, 음
> 울한 얼굴을 지닌 비관주의자로 만들어 버립니다."[20]

유혹은 극에서 극으로 치닫는다. 이것이 유혹의 전형이다. 광
신적 열정에서 정신 좀 차려 볼까 하면 밀려오는 것이 절망이라는
유혹이다.

굳이 사족이 필요 없을 만큼 현실이 그렇다. 주위를 둘러보면
온통 비관, 절망, 분노, 불평만 늘어놓는 이들 일색이다. 마치 모
세가 이끈 광야 여정에서 이스라엘 백성들이 그러했듯이. 그러기
에 귀한 것이 희망의 사람들, 믿음의 사람들이다.

> "이 광야에는, 자신의 삶을 통해 약속의 땅으로 가는 길을
> 가리켜주고, 늘 깨어 있으면서 희망을 간직한 믿음의 사람
> 들이 필요합니다."[21]

또한 전형적인 유혹 가운데 하나가 가짜, 거짓, 왜곡이다. 그래
서 나타난 것이 '영적 세속성'의 유혹이다.

"영적 세속성은 신앙심의 외양 뒤에, 심지어 교회에 대한 사랑의 겉모습 뒤에 숨어서 주님의 영광이 아니라 인간적인 영광과 개인의 안녕을 추구하는 것입니다. [···] 영적 세속성이 교회 안에 스며들면 "단순히 도덕적인 다른 모든 세속성보다 더 엄청난 재앙이 될 것입니다."[22]"[23]

교회 밖으로는 이단, 사이비 종교, 신흥 영성, 뉴에이지 등이 여기에 속하며, 안으로는 다양한 형태의 신앙 왜곡 또한 그러하다.[24]

유혹에 대한 보다 구체적인 성찰을 우리는 2013년 라틴아메리카 주교회의 조정위원회와 만남에서 있었던 교황 연설에서 발견한다. 그 자리에서 교황은 사도직 관련 유혹들로 **복음 메시지의 이데올로기화**(사회화의 축소, 심리적 이데올로기화, 신비주의의 제안, 펠라기우스적 제안), **기능주의, 성직자 중심주의** 등 세 가지를 지적한다.[25]

아주 장문의 연설이었는데 이 역시 2,000년 교회의 보물과 같은 것들만 모아놨다는 생각이 든다. 누구든지 이 세 가지 유혹을 확실히 식별할 줄 안다면, 그가 누리는 자유의 분량은 그만큼 커진다고 할 수 있다. 하나하나 확인해 보자.

첫째 유혹은 **'복음 메시지의 이데올로기화'**다. 이는 복음을 축소시키는 것을 의미한다. 여기에는 4가지 갈래가 있다.

우선, '**사회화의 축소**'다. 이는 복음을 정치·경제 교과서로 축소하는 것을 뜻한다. 주로 혁명가들, 시민운동가들이 성경을 인용할 때 빠지는 유혹이다. 이런 식으로 복음이 축소되면 복음의 이름으로 복음이 남용될 수 있다. 현재 우리 가톨릭교회 안에도 이런 현상이 있다. 이는 결국 복음의 풍요로움이 훼손되는 위험이다.

다음으로 '**심리적 이데올로기화**'다. 요즘 '힐링' 열풍이 불면서 복음서가 힐링 교과서로 환원되었다. 나도 여기에 조금 기여한 바가 없지 않다. 나름대로 복음에서 '힐링 포인트'와 '무지개 원리'를 끄집어냈다. 그런데 축소화라는 것은 복음에 대해 부분만을 알고서 "이것이 전부다"라고 얘기하는 것이다. 문제가 있다. 하지만 전체를 알고서 "여기에 이런 측면이 있다"라고 하는 것은 문제가 안 된다. 그래서 나는 복음에서 도출된 것들을 말할 때, 분명 그것이 복음의 전부라고 말하지 않는다. 여하튼 심리적 이데올로기에 빠져 힐링이나 치유가 복음의 전부인 것으로 여기는 오류는 피할 일이다.

그 다음 '**신비주의의 제안**'이다. 간혹 사람들은 복음을 읽다가 성경 하나 달랑 들고 산속으로 들어가 은둔하려 한다. 그 안에서 나오지 않고 기도만 하고 싶어지는 것이다. 이는 복음을 너무 신비적인 관점으로만 축소하려는 유혹이다. 원래 복음은 열려 있다. 사회를 향해 열려 있다. 예수님도 복음을 전하러 삶의 현장으로 저잣거리로 들어가지 않으셨는가.

마지막으로 '**펠라기우스적 제안**'이다. 펠라기우스는 이단으로 몰린 영성가다. 현대 신학자들에 의해 복권된 부분도 있긴 하지만. 그가 얘기하기를 "우리 인간은 완전히 타락한 존재가 아니기 때문에 인간 안에는 아직도 선을 행할 수 있는 능력이 있고, 이 선을 행하는 능력을 통해 우리는 하느님께로 나아갈 수 있다"고 했다. 이 말은 업적주의를 뜻한다. 곧 "어떻게 해야 천국에 가는가"라고 물을 때 "착하게 살아야 천국에 간다"는 입장이다. 그래서 당시 믿음의 논리에 의해 그는 단죄당했다. 그 시절에는 교회에 이단이 난무했기에 무언가 좀 빗나갔다 싶으면 칼같이 잘라냈다. 아무튼, 너무 선행 중심으로 가서 믿음이 배제된 선행을 주장할 때는 펠라기우스적인 이데올로기화라고 얘기한다. 사실 신앙생활하다 보면 천주교 신자 상당수가 펠라기우스적인 유혹에 빠져 있는 측면이 다분히 있다. 예수님을 믿어서 천국 가려고 하는 것이 아니라 착하게만 살아서 천국 가려고 하는 것이다. 믿음 없이 실천만 하려는 사람들. 이들은 굉장히 손해 보고 있는 것이다. 예수님과 믿음의 거래가 전혀 없으니까. 이는 본말전도다. 예수님의 도움을 받아서 우리가 신앙생활을 하는 것이고, 그 사랑의 결과로서 선행을 하는 것인데 말이다.

다시 한 번 첫째 유혹의 갈래를 잡아보자. 성경을 읽고 불끈해가지고 만날 데모만 나가면 사회화의 축소 유혹에 빠져 있는 셈이다. 성경을 힐링 책으로만 생각하고 십자가를 배제하면 심리적 이데올로기화의 유혹에 빠져 있는 격이다. 성경을 읽고 기도운동에만 골몰하면 그것은 신비주의의 제안 유혹에 빠진 것이다. 또 성경을 읽고 착하게 사는 쪽으로만 생각해서 믿음을 뒷전으로 하고 자꾸 봉사활동만 나가는 것은 펠라기우스적 이데올로기화의 유혹에 빠져 있는 형국이다. 성경은 다면적이다. 이 4가지를 다 포함하고 있다. 성경의 메시지를 어느 특정 관점 안에 가둬둘 수는 없는 노릇이다.

둘째 유혹은 **'기능주의'**다. 회사를 운영하듯이 교회를 운영하면 안 된다는 의미다. 이 '기능주의' 문제도 심각하게 생각해 볼 필요가 있다. 프란치스코 교황이 지금 저렇게 직접 나서는 것도 이 이유 때문이다. 교회는 구조화되어 있다. 그러기 때문에 기능주의에 빠지기가 참 쉽다. 그 결과로, 가난하고 소외된 사람들이 성당에 나오는 데 굉장한 부담감을 느끼게 된다. 정말로 소외된 사람들이 편안하게 주인 노릇하고, 우대받을 수 있도록 하는 것이 지금 우리 교회가 가야 할 길이다.

셋째 유혹은 **'성직자 중심주의'**다. 교황의 관점에서 봤을 때 세계적으로 우리 가톨릭교회 안에서 이 문제는 여전하다. 교회 사항 전반을 성직자가 다 결정한다. 따라서 참여 구조가 되어 신자들이 활동하도록 장이 마련될 필요가 있다. 교회에는 인재가 많다. 그런데 가톨릭에서의 맹점이 이런 인재들이 비교적 뒷전에 숨어 있다는 현실이다. 이들에게 잘할 수 있는 일거리를 주면 교회가 여러 면으로 더 풍요로워지지 않을까.

앞서 언급했듯이 프란치스코 교황은 자신의 임기를 시작하면서 8명의 추기경 자문단을 엮었다. "앞으로 교회가 어떻게 바뀌어야 하는가"라는 물음 앞에 이 자문단이 첫 번째로 제안한 것이 '평신도 사도직'의 파격적 활성화다. 사제가 점점 줄고 있기에 지금처럼 성직자 중심으로 가면 언젠가 교회가 문을 닫을 판이라는 것이 예견되기 때문이다. 이것을 해결할 수 있는 유일한 방안이 이 대신 잇몸의 방법이다. 이 잇몸이 바로 신자들이다. 그러기에 신자들이 활동할 수 있는 직책과 장이 더욱 창조적으로 마련될 필요가 있다. 바티칸에서 신중히 고민하고 있으니 좋은 소식을 기다려볼 일이다.

이상의 세 가지 유혹만 잘 식별해도, 우리가 어떻게 살아야 할지 그림이 그려진다. 교회 차원에서뿐 아니라 개인적으로도 균형과 조화를 갖춘 영성의 길을 가기 위하여 곱씹어봐야 할 보석 같은 항목들이다.

이제 식별의 대단원에 가까워지고 있다. 교황은 위 연설에서 우리가 나아가야 할 미래 진로와 관련하여 명문을 남긴다.

> "유토피아적인 모든 투사(미래를 향한)나 재건(과거를 향한)은
> 좋은 정신이 아닙니다. 하느님은 실재하시고 '오늘' 당신을
> 드러내십니다. **과거**를 향한 그분의 현존은 당신 백성에게
> 나 우리 각자에게나 **구원의 위대한 업적에 대한 '기억'**으로
> 남아 있습니다. **미래**를 향해서는 **'약속'**과 희망을 우리에게
> 주셨습니다.
> 과거에 하느님은 현존하셨고, 당신의 자취를 남기셨습니
> 다. 기억은 우리로 하여금 그분을 만나도록 도와줍니다.
> 미래는 오로지 약속입니다. 천년도 아니고 막연한 미래도
> 아닙니다. '오늘'은 영원과 가장 닮았습니다. **'오늘'은 영원
> 의 불꽃입니다.** '오늘', 영원한 생명에 투신해야 합니다."[26]

이 문장은 장구한 2,000년 교회사에 면면히 흘러온 식별 지혜
의 집적이다. 과거와 현재와 미래라는 전체 시간을 아우르는 내용
이다.

프란치스코 교황은 "과거는 기억 속에 남아 있다"고 했다. 신명
기에서 모세가 내내 강조한 것이 바로 이 기억이다. 모세는 이렇
게 말했다. "40년 동안 야훼 하느님께서 우리 이스라엘 백성을 어
떻게 거두어 먹이시고 보호해 주시고 돌보아주시고 이끌어주셨는

지에 대한 기억을 잊지 마라. 기억하라"(신명 4,32-40 참조). 이것이 과거다.

또한 교황은 "우리의 미래는 이미 약속으로 주어져 있다"고 했다. 약속으로 선취된 미래이기에 희망으로 바라보자는 얘기다.

그럼 현재는 무엇인가? 교황은 "영원을 가장 닮은 시간"이라고 했다. 그러니 영원을 얘기하지 말고 현재를 바라보라는 얘기다. 또한 "현재는 영원의 불꽃"이라고 했다. 영원의 절정이 지금이라는 말이다.

요컨대, 지금이 영원의 불꽃, 영원의 절정이니, 과거 주님의 은혜를 기억하면서 주님께서 주신 약속을 붙잡고, 미래를 바라보면서, 오늘 지금 현재에 몰입하라는 것. 이 삶에로 프란치스코 교황은 우리를 초대한다.

현실은 고약할 수 있다. 폐허일 수도 있고 어둠일 수도 있다. 그럼에도 우리의 믿음과 희망과 사랑의 행보는 계속되어야 한다. 왜? 교황은 답한다.

> "폐허가 되어 버린 땅 위로 끈질기고도 강인한 생명이 솟아납니다. 칠흑 같은 어둠 속에서도 언제나 선이 다시 꽃 피고 퍼져 나갈 것입니다. 이 세상에는 날마다 아름다움이 새로 생겨나고 역사의 풍파를 거치며 변모됩니다. 가치들

은 언제나 새로운 형태로 다시 나타나는 경향이 있고, 인간은 돌이킬 수 없어 보이는 상황에서도 늘 다시 일어납니다. 이것이 부활의 힘이고 모든 복음 선포자는 그 힘의 도구입니다."[27]

이는 교회 차원의 거창한 증언이 아니다.

그대로 오늘 우리의 삶에서 이루어지고 있는 작은 기적들이기도 하다.

'폐허'를 방불케 하는 우리 마음 지형에서도 홀연 질긴 생명이 솟아날 수 있다.

마음속 '칠흑'의 무명 세상에서도 뜬금없이 선의 꽃이 번질 수 있다.

낯선 아름다움, 새로운 가치들이 우리들 절망의 밭에서 움터날 수 있다.

모두가 고스란히 소생의 신비, 부활의 합창인 것이다.

그리하여 내가 애창할 생의 예찬인 것이다.

결(結)

　새 교황의 이름이 공표되던 날, 모 일간지에서 기대와 전망을 싣고 싶다며 원고청탁을 해왔다. 짬을 내어 쓰는 글이라 쫓기듯 속도를 내어 써서 '개혁의 십자가 짊어진 새 교황'이라는 제목을 달아 급히 보냈다. 전문은 이렇다.

　"중세 가톨릭교회가 정교(政敎)유착의 특권을 향유하며 총체적으로 탈복음적인 궤적을 그리고 있을 때(정확히 1206년), 청년 프란치스코는 허물어져가던 성 다미아노 성당 십자가 밑에서 하느님의 음성을 듣는다. "내 교회를 수축(修築ㆍ보수하고 건축)하라." 그는 이를 곧이곧대로 알아들어 맨손으로 흙과 돌을 들어 나르며 성당을 보수한다. 하지만 이 말씀은 몰락 위기에 처한 중세 교회를 위한 '세기적' 명령이었다. 이를 깨달은 프란치스코는 탁발 수도회를 창설하여 위대한 개혁의 첫걸음을 내디딘다. 그가 표방한 것은 복음으로 돌아가 청빈, 겸손, 소박의 삶을 몸소 사는 것이었다.

이는 당시 교회가 심각하게 앓고 있던 세 가지 병폐인 부, 권력, 사치에 대한 명처방이었다. 그 파급력은 가히 메가톤급이었다. 힘으로 밀어붙인 무력 혁명도 아니요, 센세이셔널한 사상으로 새 시대를 연 이데올로기 혁명도 아닌, 그저 소박한 실천운동이었지만 세기를 거듭할수록 파장은 기하급수적으로 거세어져 갔다.

호르헤 마리오 베르골료 신임 교황이 자신의 공식 명칭을 프란치스코라고 정한 것은 13세기의 저 기념비적 사건을 연상시킨다. 예수회 출신인 그가 굳이 프란치스코를 즉위명으로 택한 것은 바티칸 전문가 존 앨런이 영국 BBC와의 인터뷰에서 밝혔듯이 "놀라운 결정"임에 틀림없다. 만일 그가 프란치스코라는 이름에 내장된 그 가공할 함량을 직관하고서 이 이름을 빌렸다면, 그는 적어도 다음의 두 가지를 향후 교황직 수행의 지평으로 삼지 않았을까 기대된다.

첫째는 가톨릭교회의 원대한 개혁이다. 성 프란치스코는 '개혁'이라는 용어조차 사용하지 않고 교회의 모든 스펙트럼을 아우르면서 수세기에 걸쳐 일어난 쇄신의 단초를 열었다. 그리하여 그는 동료 형제들을 동지로 얻었고, 숱한 추종자들을 협력자로 얻었다. '제2의 예수'라 불렸을 만큼, 성 프란치스코가 일으킨 운동의 여운 역시 시간의 흐름 속에서 증폭되어 갔다. 신임 교황이 이 사실을 숙지하고 있었을 것은 의심할 여지가 없다. 그렇다면, 그는 앞으로 수 세기를 지속할 새로운 개혁을 출범하겠다는 엄중한 사명을 선출 소감 일성으로 천명한 셈이다.

둘째는 그것을 이루는 방법으로서 생태학적 접근법이다. 성 프란치스코의 사명이 유장했음에 비해, 그의 접근법은 의외로 단순 소박했다. 그는 단지 예수의 복음을 글자 그대로 실천하고자 했다. 보잘것없는 이들을 돌보고, 원수를 사랑하고, 살아 있는 모든 피조물을 형제자매로 보듬어주고…. 요즘 사회운동가들이 볼 때, "이래 가지고 무엇을 이루겠나" 싶을 만큼 옹색하기 짝이 없었다. 하지만 그의 '얼'은 모든 것에 침투해 소리 없이 변화의 싹을 틔웠다. 신임 교황의 프로필을 일별해 보면, 그 역시 타고난 생태학적 영성가임을 금세 알아채게 된다. 직접 요리를 즐기고, 외출할 때도 자동차를 몰지 않고 대중교통을 이용하며, 시간 나는 대로 빈민가를 방문하고 사회에서 지탄받는 이들을 위한 사회적 봉사를 즐겼다고 하니 말이다.

800년 전에 비할 때 오늘의 시대 상황은 천지개벽하듯 바뀌었지만, 개혁 요청의 수위는 거의 동급이다. 교회 안팎에서 밀려오는 변화의 탄원은 이제 한계선에 가까워지고 있다. 주교의 민주적 선출과 주교 임기제, 사제 독신제 폐지, 이혼 후 재혼한 사람들의 성사 허용, 여성사제 서품 허용, 인공피임 재고 등 한국 천주교회에서는 아직 누구도 언급할 용기를 내지 못하는 사안들이 구미 교회에서는 연일 공론화되어 가고 있다. 여기에 더하여 전 세계 인권과 평화의 최후 보루로서 바티칸의 역할 또한 점점 무거워지고 있다.

이러한 시대의 명령 앞에 신임 교황 프란치스코의 향후 영적 · 정치적 행보에 흥분과 기대가 쏠린다. 40대를 넘기면 자신의 얼굴에 책임을 지라는 말이 있거니와, 언론에 뜬 첫 사진을 보는 순간 "이 분, 일 한번 크게 내시겠군" 하는 생각이 들었으니, 그 기대가 괜한 바람은 아닐 듯하다."

그 사이 1년여가 지났다. 고맙고 다행스럽게도 프란치스코 교황은 우리의 기대를 실망시키지 않았다. 외려 예측불허의 기세로 저만치 앞장서 가고 있다. 하여 벅찬 공감으로 응원하며, 불현듯 멈춰서 나의 행보를 성찰하곤 한다.

기획자문에 부쳐1 - 로마가 변했다?

패트릭 발드리니(Patrick Valdrini) 몬시뇰
교황청립 라테란대학교 부총장, 교회법 교수

아르헨티나 추기경의 교황 선출은 놀라운 일이었다. 그의 이름은 예상 후보 명단 안에 있지 않았다. 하지만 이것이 왜 놀랄 일인가? 시스티나 경당에서 교황 선출을 위한 콘클라베가 소집되고 개최되어, 엄숙한 기도 가운데 성령의 인도하심에 귀 기울이며 치러진 전 과정! 모두가 하느님의 시선 아래에서 행해진 전 세계 지혜의 수렴이었다.

소집된 추기경들의 과업은 교회적이다. 곧 자신들이 속한 문화를 대변해야 하는 것은 물론, 각자의 열망과 특별한 관심 저편에 있는 하느님의 뜻을 읽어 반영해야 하는 것이다. 그리하여 선출은 결국 하느님 뜻의 관철이다.

새 교황이 선택한 '프란치스코'라는 이름은 가난하고 유쾌한 한 성인, 특히 약한 이들을 위해 헌신한 복음 선포자 프란치스코 성인으로부터 영감받은 새로운 교황좌의 미래 모습을 상징적으로

암시한다.

교황은 복음화, 정의 그리고 교육에 방점을 둔 영성을 지닌 예수회 회원이었다. 알다시피 예수회는 이들을 삼위일체적 사랑과 일치 속에서 다양한 문화 안에 토착적으로 구현하려는 노력을 쏟아 왔다.

성 베드로 대성전의 발코니에서 발설된 교황의 첫 번째 말들은 감동적인 행보의 전주곡이었다. 교황은 침묵을 요청했고 기도했다. 미소 가득한 표정으로 간결하게 말하였고 또렷하게 발음하였다. 그러고는 전통에 반하여 전 세계의 이목을 교회적이고 역사적인 사건의 장엄함에로 끌어들이지 않았다. 이로써 인간이 만든 모든 경계선 밖으로 시선을 돌린 공동체를 건설하는 복음의 본령을 회복했다.

성 요한 바오로 2세, 베네딕토 16세, 프란치스코 교황, 이들은 각자 다른 색깔을 드러냈다. 하지만 그들의 연결고리인 교회와 신자의 친교 안에서 하느님은 똑같이 머무르신다. 모든 교황은 공적 가르침과 성사의 은총, 그리고 친교와 봉사 안에서 교회의 일치를 이루는 사도 베드로의 후계자들이다.

프란치스코 교황은 무엇보다도 "하나의 스타일"이다. 이는 선임 교황들이 이미 열어둔 길이었다. 요한 바오로 2세 교황의 방식(스타일)은 단순했고, 베네딕토 16세 교황 역시 그랬다. 프란치스코 교황은 이를 굳건히 드러냈다. 독특하면서도 개성 넘치는 자신만의 방식으로 세상 안에서의 영적 사명과 봉사를 가시화한 것이었다. 선하고 평화로운 인류 공동체 구현을 위하여, 교황은 신자들로 하여금 하느님 자비의 분명한 증인이 되도록 격려한다.

로마가 변했다? 확실히 더 활기 넘치는 곳이 되었다. 더 많은 사람이 거리를 오고 가고 성 베드로 광장에 모여든다. 더 많은 국가 원수들과 국회의원들이 교황을 알현하기 위하여 모여든다. 바야흐로 로마는 새로운 목자를 맞이하여 변신 중인 것이다. 이제 로마 시민들은 프란치스코 교황이 자신들에게 보여준 애정에 화답하여, 그의 일거수일투족을 자랑스레 여기며, 주교단의 형제적 일치 안에서 사도들의 신앙을 보전하는 산증인으로 그를 바라본다.

기획자문에 부쳐2 – 대변혁의 시작

루보미르 작(Lubomir Žak) 몬시뇰
교황청립 라테란대학교 신학과 부학장, 교의신학 교수

프란치스코 교황 선출 직후 성 베드로 광장에 몰려든 신자들을 향한 첫 번째 인사 때부터, 사람들은 이미 "세상 끝에서 온" 이 교황이 많은 변화를 가져올 것임을 알아챘다. 하지만, 이러한 변화들은 고작 사목적 성격의 것이라는 짐작일 뿐이었다. 실로, 교황 선거회의(Conclave) 직전, 아르헨티나로부터 로마로 온 소식들은 부에노스아이레스 대교구장의 남다른 면모들, 곧 삶의 단순함, 조직력, 대화에 대한 개방성 등에 관한 것이었다. 그중 가장 크게 부각된 것은 그의 탁월한 사목 경험들과 스타일이었다.

그로부터 1년이 넘게 지난 이 시점에서 프란치스코 교황이 그간의 사목활동과 담화를 통해 가져온 변화를 되짚어 보는 것은 참으로 의미로운 일이라 하겠다.

프란치스코 교황이 취한 사목 접근법은 교황 관저 사무실 책상에서 쥐어짜낸 어떠한 "전략기획"에 의존하지 않는다. 오히려 신자들의 삶과 기쁨, 고통에 공감하고 그로부터 식별된 사목적 필요에 부응한, 현장적이고 자발적인 사목 접근법이다. 여기에는 세 가지 특징이 있다.

첫째로, 사람들의 애환을 자신의 것으로 동일시하는 능력이다. 교황에게는 사람들의 고통과 슬픔, 의미에 대한 목마름에 경청하는 특별한 은사가 있다.

둘째로, 신자들이 빠진 신앙의 회의와 절망의 어둠에로 들어가는 용기다. 교황은 자신에게 맡겨진 사람들 한복판으로 향하는 길에서 혹여 진흙으로 손과 발이 "더러워"지지 않을까 하는 두려움 없이 다가간다.

셋째로, 가장 멀리 있고, 가장 약하며, 가장 가난한 이들을 위한 편애다. 프란치스코 교황이 레비비아의 로마 교도소에 수감된 어린 이슬람교 여성의 발에 입 맞추면서 이러한 모습을 보여주었을 때, 그것은 모두에게 신선한 충격이었다.

이로써 프란치스코 교황은 사목의 전범(典範)을 제시한 셈이다. 이는 이제 모든 사목자들과 신자들이 공유해야 할 사목의 방향성이라 할 것이다.

프란치스코 교황은 모든 신자들을 "사목 대리자"로 초대한다. 모든 신자들이 주교와 사제의 교육을 받아 사명자로 양성되어야 함을 거듭 강조한다. 특히 거기에는 여성들의 참여가 중요하다. 교황의 행보와 발언을 기준으로 예단하건대, 미래 교회에서 여성의 직분은 확실히 제도적으로 다양하게 보장될 것이다.

프란치스코 교황은 연일 이어지는 파격적 행보에도 불구하고 뚜렷하게 중심을 유지하고 있다. 그것은 바로 '복음'과 '사랑'이다. 무엇이 중요한가? 그것은 하느님께서 세상을 창조하시고 사랑으로 그리스도 안에서 우리를 구원하셨다는 사실이다. 그리고 그 중심에 흐르고 있는 하느님의 '사랑'이다. 사랑은 예수 그리스도의 뜻에 따라 사목을 펼쳐 나갈 수 있기 위한 황금의 길(via aurea)인 것이다.

이런 까닭에 프란치스코 교황은 자신이 우리 모두를 이끌고 구현하려 하는 "사목적 전환"의 대명제로서 예수님의 말씀을 상기한다.

"너희가 서로 사랑하면, 모든 사람이 그것을 보고 너희가 내 제자라는 것을 알게 될 것이다"(요한 13,35).

프란치스코 교황의 모든 행위와 말은 이 말씀을 솔선하여 실행한 것일 따름이다. 그는 이 원리에로 모든 주교들과 사제들, 그리고 신자들을 초대한다.

여기서 우리는 프란치스코 교황이 꾀하고 있는 새로운 "사목적 전환"이 사실은 교황 베네딕토 16세의 생각에서 비롯된 것임을 소급하여 상기하지 않을 수 없다. 교황 베네딕토 16세의 용퇴 속에 이미 새로운 변혁을 위한 염원이 꿈틀거리고 있음을 우리는 볼 줄 알아야 한다. 그가 남긴 "교회의 배는 나와 우리의 것이 아닌 그리스도의 것이다"는 고백을 기억할 일이다. 마지막 교황 공식 알현(2013년 2월 27일)의 담화를 마무리하면서, 베네딕토 16세 교황은 후임자에게 보편 교회와 로마 교구의 열쇠를 넘기며, 우리들에게 이런 말을 남겼다.

"하느님은 당신의 교회를 인도하시며, 특히 시련의 순간에 반드시 용기를 북돋아주십니다. 우리는 세상과 교회 여정에서 이러한 신앙의 관점을 절대로 잃어버리지 맙시다. 우리 마음속에, 여러분 각자의 마음속에는, 주님께서 늘 우리와 함께 계시면서 우리를 포기하지 않으시고 당신 사랑으로 우리를 보호해 주신다는 신나는 확신이 있습니다."

기획자문에 부쳐3 – 낯익은 새로움

리카르도 페리(Riccardo Ferri) 몬시뇰
교황청립 라테란대학교 교의신학 교수, 교황청 신학학술원 회원

교황 즉위 이후, 로마 시민들의 눈에 가장 띄는 대목은, 이 베드로의 후계자를 직접 보고 그의 말을 듣기 위하여 수천 명의 인파가 매일 이곳으로 몰려들고 있다는 사실이다. 그리고 프란치스코 교황을 둘러싼 이 충실한 이들의 지속적이고도 각별한 애정! 이는 몇 달이 지나도 식지 않는 열광이며, 교황의 활동, 만남, 알현 그리고 한마디로 청중의 심금을 사로잡는 단순하고 직접적이며 즉흥적인 교황 자신에게서 표출되는 깊은 박애의 몸짓을 응원하는 열광이다.

프란치스코 교황은, 이 시대 우리 사회 신앙의 위기에 직면하여, 복음의 본질로 돌아가 예수님께서 몸소 사용하신 말씀을 시대 상황에 맞게 강생시켜 그 고유의 힘을 잃지 않은 채 새롭게 제시하는 것이 필요함을 진즉 깨달은 듯하다.

확실히 프란치스코 교황에게 중요한 두 가지 주제는 하느님의 자비와 가난한 이들에 대한 사랑이다. 교황은 강론과 담화 속에

서 용서하시고 구원하시려는 하느님 자비를 거부하거나 막는 일이 없어야 함을 거듭 강조하였다. 동시에 교황은 기회 있을 때마다 그리스도의 첫 복음 선포가 매우 가난한 이들, 집과 직업이 없는 이들, 먼 타국으로부터 이민 온 이들 그리고 소외되고 병든 이들에게 초점이 맞춰져 있었음을 상기시켰다. 그는 교황직 시작부터 아시시의 성인 '프란치스코'를 교황명으로 택함으로써, 향후 그의 행보 방향을 시사했고, 가난한 이들을 위한 가난한 교회를 열망한다고 분명히 천명했다. 또한 가난은 항상 교회의 방식이자 사명임을 거듭거듭 주지시켜 왔다.

프란치스코 교황의 가르침은 실로, 그의 분명한 사목 방침 아래 우리들의 사고방식에 회개를 가져와, 더 멀리 떨어져 나간 신자들에 대한 인식들을 새롭게 일깨우도록 했고 그들과의 소통능력을 다시 불러일으켰다.

프란치스코 교황은 제2차 바티칸 공의회의 가르침과 유구한 전통의 연속성 안에서 교회의 사명을 깨달아, 교회가 단지 자기 보전(『복음의 기쁨』 27항)을 위한 방어요새의 처지에서 탈피하여 새로운 문화적 도전들에 부응하도록 촉구한다. 또한 여러 양태로 상처 입은 인간성을 치유하는 하느님의 자비로운 현존을 효과적으로 드러내는 표지가 되도록 초대한다.

교회에 심대한 영향을 끼칠 "전투 후 야전병원"으로서의 교회상, 『복음의 기쁨』에 언명된 "밖으로 나가는 교회"라는 표현, 그리고 자신의 정체성을 개방적으로 발견하기 위하여 자아도취적이며 폐쇄적인 퇴각을 단념하라는 초대! 이들은 우리로 하여금 교회의 본질과 사명에 대한 재고를 미루지 못하게 한다. 프란치스코 교황의 가르침은, 필경 오늘날 우리 앞에 있는 크고 무수한 도전들 앞에서 복음화와 복음선포를 위해 새롭게 돌진하도록 내모는 자극과 격려이리라.

참고문헌

1. 이 사람들이 보물입니다

1 교황 프란치스코, 『복음의 기쁨』 49항
2 교황 프란치스코, 『교황 프란치스코』, 알에이치코리아, pp.135-137
3 교황 프란치스코, 『복음의 기쁨』 48항
4 2013년 8월 19일 안토니오 스파다로 신부와의 「가톨릭 문명(Civilta Cattolica)」 인터뷰(한국가톨릭사목연구소 역) 중에서
5 2013년 8월 4일 레바논 CLC 총회에서
6 2014년 1월 19일자 「평화신문」
7 교황 프란치스코 · 아브라함 스코르카, 『천국과 지상』, 율리시즈, pp.231-232
8 리사 로각 · 줄리 슈비에테르트 콜라조, 『교황 프란치스코 어록 303』, 하양인, p.109
9 2013년 11월 29일 성 베드로 광장 신자들과의 대화에서(진슬기 역)
10 2013년 4월 2일 화요일 아침미사에서(진슬기 역)
11 2013년 8월 4일자 「평화신문」
12 노우재 미카엘 신부, 2014년 1월 호 「경향잡지」
13 2013년 10월 4일 까리따스 모임에서(진슬기 역)

2. 교황의 사랑학

1 사베리오 가에타, 『교황 프란치스코 새 시대의 응답자』, 성 바오로 출판사, p.22 / 매튜 번슨, 『교황 프란치스코 그는 누구인가』, 하양인, p.218
2 2013년 10월 4일 아시시 방문 청년들과의 대화에서(진슬기 역)
3 위와 동일
4 2013년 10월 26일 신앙의 해 대가족 순례에서(진슬기 역)
5 2014년 2월 14일 성 발렌티노 축일 약혼자들 모임에서(진슬기 역)
6 2013년 10월 26일 신앙의 해 대가족 순례에서(진슬기 역)
7 2014년 2월 14일 성 발렌티노 축일 약혼자들 모임에서(진슬기 역)
8 2013년 7월 6일 신학생과 수도수련자들에게 한 담화에서
9 2013년 5월 15일 노동절 미사에서
10 2013년 11월 30일 로마 대학생들과의 저녁기도 자리에서(진슬기 역)

3. 어찌 기쁘지 아니한가

1 베네딕토 16세, 라틴 아메리카와 카리브 주교회의 제5차 정기 총회 개막 미사 강론, 2007. 5. 13., AAS 99(2007), 437면
2 교황 프란치스코, 『복음의 기쁨』 14항
3 위의 책 84항
4 2013년 7월 6일 신학생과 수도수련자들에게 한 담화에서
5 로마신자들을 만나는 자리에서
6 교황 프란치스코, 『복음의 기쁨』 164항
7 위의 책 5항
8 위의 책 5항
9 2013년 3월 24일자 「가톨릭 신문」
10 매튜 번슨, 『교황 프란치스코 그는 누구인가』, 하양인, p.217
11 교황 프란치스코, 『복음의 기쁨』 6항
12 위의 책 2항
13 교황 바오로 6세, 『그리스도인의 기쁨』 8항, 교황 프란치스코, 『복음의 기

쁨』 7항

14 교황 프란치스코, 『복음의 기쁨』 7항

15 2013년 7월 6일 신학생과 수도수련자
들에게 한 담화에서

16 2013년 12월 31일자 「Paterno Esmaquel
II」

17 2014년 02월 17일자 「PBC뉴스」

18 2013년 3월 24일자 「가톨릭신문」

4. 자비의 포옹

1 2013년 8월 19일 안토니오 스파다
로 신부와의 「가톨릭 문명(Civilta
Cattolica)」 인터뷰(한국가톨릭사목연
구소 역) 중에서

2 교황 프란치스코, 『복음의 기쁨』 44항

3 위의 책 3항

4 위의 책 3항

5 2013년 8월 19일 안토니오 스파다
로 신부와의 「가톨릭 문명(Civilta
Cattolica)」 인터뷰(한국가톨릭사목연
구소 역) 중에서

6 2014년 3월 23일자 「평화신문」

7 차동엽 엮, 『김수환 추기경의 친전』,
위즈앤비즈

5. 추억으로부터의 희망 여운

1 호르헤 마리오 베르골료 · 아브라함
스코르카, 『천국과 지상』, 율리시즈,
p.123

2 위의 책 p.123

3 사베리오 가에타, 『교황 프란치스코
새 시대의 응답자』, 성 바오로 출판사,
p.24

4 위의 책 p.26

5 2013년 성령 강림 대축일을 앞두고 성
베드로 광장에 모인 신자들과의 대화

에서(진슬기 역)

6 교황 프란치스코, 『복음의 기쁨』 171항

7 교황 프란치스코 · 아브라함 스코르카,
『천국과 지상』, 율리시즈, pp.146-147

8 위의 책 p.202

9 교황 프란치스코, 『교황 프란치스코』,
알에이치코리아, pp.44-45

10 2013년 10월 26일 신앙의 해 대가족 순
례에서(진슬기 역)

11 교황 프란치스코, 『복음의 기쁨』 86항

12 로마신자들을 만나는 자리에서

13 2013년 8월 19일 안토니오 스파다
로 신부와의 「가톨릭 문명(Civilta
Cattolica)」 인터뷰(한국가톨릭사목연
구소 역) 중에서

14 교황 프란치스코 · 아브라함 스코르
카, 『천국과 지상』, 율리시즈, p.131

6. 예수님 흉내 내기

1 2014년 1월 7일 SNS 메시지

2 2014년 2월 16일자 「평화신문」

3 교황 프란치스코, 『교황 프란치스코』,
알에이치코리아, p.50

4 2013년 8월 19일 안토니오 스파다
로 신부와의 「가톨릭 문명(Civilta
Cattolica)」 인터뷰(그리스도의 레지오
수도회 역) 중에서

5 교황 프란치스코, 『교황 프란치스코』,
알에이치코리아, pp.113-115

6 생활성서사 페이스북

7 2013년 성령 강림 대축일을 앞두고 성
베드로 광장에 모인 신자들과의 대화
에서(진슬기 역)

8 위와 동일

9 2013년 10월 13일자 「평화신문」

10 2014년 2월 11일 제22차 세계 병자의

23 교황 프란치스코, 『복음의 기쁨』 183항

24 리사 로각 · 줄리 슈비에테르트 콜라조, 『교황 프란치스코 어록 303』, 하양인, p.113

25 교황 프란치스코, 『복음의 기쁨』 215항

9. 그 이름 프란치스코

1 교황 프란치스코, 『복음의 기쁨』 195항

2 2013년 3월 18일자 「가톨릭 신문」

3 요한 바오로 2세, 인류 복음화를 위한 미사 강론, 산토도밍고, 1984. 10. 11., 5항, AAS 77(1985), 358면.

4 교황 프란치스코, 『복음의 기쁨』 198항

5 성 요한 크리소스토모, 교황 프란치스코, 『복음의 기쁨』 57항

6 사베리오 가에타, 『교황 프란치스코 새 시대의 응답자』, 성 바오로 출판사, pp.37-38

7 교황 프란치스코, 『복음의 기쁨』 83항, 95항

8 위의 책 108항

9 2013년 8월 19일 안토니오 스파다로 신부와의 「가톨릭 문명(Civilta Cattolica)」 인터뷰(한국가톨릭사목연구소 역) 중에서

10 2013년 8월 19일 안토니오 스파다로 신부와의 「가톨릭 문명(Civilta Cattolica)」 인터뷰(그리스도의 레지오 수도회 역) 중에서

11 위와 동일

12 교황 프란치스코, 『복음의 기쁨』 103항

13 위의 책 104항

14 2013년 8월 19일 안토니오 스파다로 신부와의 「가톨릭 문명(Civilta Cattolica)」 인터뷰(한국가톨릭사목연구소 역) 중에서

15 2013년 11월 27일자 「바티칸 통신」 새 교황 권고 『복음의 기쁨』 개요 참조

16 성 토마스 아퀴나스, 『신학대전』, II-II, q.110, a.1.

17 위의 책 II-II, q.26, a.3.

18 교황 프란치스코, 『복음의 기쁨』 199항

19 위의 책 274항

20 위의 책 210-213항

21 2014년 4월 호 「사목정보」

22 교황 프란치스코, 『복음의 기쁨』 273항

23 위의 책 279항

24 위의 책 278항

10. 변할 수 있는 것과 없는 것

1 2013년 8월 11일자 「평화신문」

2 2013년 8월 19일 안토니오 스파다로 신부와의 「가톨릭 문명(Civilta Cattolica)」 인터뷰(한국가톨릭사목연구소 역) 중에서

3 위와 동일

4 위와 동일

5 위와 동일

6 「일치교령」 11항

7 성 토마스 아퀴나스, 『신학 대전』, II-II, q.30, a.4., 교황 프란치스코, 『복음의 기쁨』 37항

8 교황 프란치스코, 『복음의 기쁨』 39항

9 위의 책 43항

10 위의 책 221항

11 위의 책 222-225항

12 위의 책 226-230항

13 위의 책 229항

14 위의 책 231-233항

15 위의 책 231항

16 위의 책 234-237항

17 위의 책 234항

18 위의 책 237항

19 위의 책 62항

20 위의 책 85항

21 베네딕토 16세, 신앙의 해 개막 미
   사 강론, 2012.10.11., 『가톨릭 교회
   의 가르침』 47호(2013), 49면, AAS
   104(2012), 881면., 교황 프란치스코,
   『복음의 기쁨』 86항

22 앙리 드 뤼박, 『교회에 관한 성찰』
   (Meditation sur l' Eglise), 파리, 1968,
   p.321.

23 교황 프란치스코, 『복음의 기쁨』 93항

24 위의 책 95항

25 2013년 7월 29-30일 CELAM 조정위원
   회와 만남(한국가톨릭사목연구소 역)
   에서

26 위와 동일

27 교황 프란치스코, 『복음의 기쁨』 276항